Laura

© privat

Dagmar Hoßfeld lebt in einem Dorf zwischen Ostsee und Schlei. Sie hat viele Jahre als Bauzeichnerin gearbeitet, wollte dann Pferdewirtin werden – und hat schließlich doch ihren Traum vom Schreiben verwirklicht. Seit 1999 sind etliche Kinder- und Jugendbücher von ihr erschienen.

Emely V.

Dagmar Hoßfeld

Laura will zum Ballett

Laura und ihr erster Auftritt

Mit Bildern von Clara Suetens

CARLSEN

Außerdem von Dagmar Hoßfeld im Carlsen Verlag lieferbar:
Laura und die Primaballerina
Laura tanzt mit einem Jungen
Laura und der neue Ballettlehrer
Laura und das Weihnachtsballett
Beste Freundinnen wie wir
Carlotta – Internat auf Probe
Carlotta – Internat und plötzlich Freundinnen
Carlotta – Film ab im Internat!
Conni & Co – Conni und der Neue
Conni & Co – Conni und die Austauschschülerin
Conni & Co – Conni, Anna und das wilde Schulfest
Conni & Co – Conni, Billi und die Mädchenbande
Conni & Co – Conni, Mandy und das große Wiedersehen
Conni & Co – Conni, Philipp und das Supermädchen
Conni & Co – Conni and the Exchange Student

Für meine Schwester

MIX
Papier aus verantwortungsvollen Quellen
FSC® C014496
FSC www.fsc.org

Sonderausgabe
Veröffentlicht im Carlsen Verlag
Oktober 2012
Laura will zum Ballett

Laura und ihr erster Auftritt

Umschlag- und Innenillustrationen: Clara Suetens
Umschlaggestaltung: formlabor
Corporate Design Taschenbuch: bell étage
Druck und Bindung: GGP Media GmbH, Pößneck
ISBN 978-3-551-31195-5
Printed in Germany

Alle Bücher im Internet: www.carlsen.de

Laura will zum Ballett

Ein Deutschaufsatz und Pirouetten im Gras

„Hast du den Deutschaufsatz schon fertig?“ Kim robbt durchs Gras und hält nur kurz an, um mit den Augen zu rollen. „Was ich später werden will – puh, was soll ich da schreiben? Was für ein bescheuertes Thema!“

Laura hängt über ihr am Klettergerüst und wackelt mit den Zehen. „Wieso bescheuert?“, fragt sie. „Ich hab zwei Seiten geschrieben! Was ich später mal werden will, ist doch klar: Balletttänzerin!“ Sie holt kräftig Schwung und sitzt – schwups! – oben auf der Stange.

Kim starrt bewundernd zu ihr hinauf.

„Ich wusste gar nicht, dass Balletttänzerinnen auch turnen können“, sagt sie und robbt weiter. „Ich dachte, die können nur tanzen.“

Laura mag ihre Freundin, aber heute scheint Kim ein bisschen zu spinnen: Seit einer Viertelstunde kriecht sie schon durch den Garten. Und das nur, weil sie ein vierblättriges Kleeblatt sucht.

„Soll ich dir was verraten?", ruft Laura ihr zu. „Mein Papa hat das letzte vierblättrige Kleeblatt vor einer Million Jahren in unserem Garten gefunden! Seitdem sind die hier ausgestorben!"

Kim hebt den Kopf. Ihr Gesicht ist tomatenrot. „Ich muss aber eins finden", jammert sie. „Wir schreiben morgen Mathe, da brauch ich unbedingt einen Glücksbringer!"

Wie wär's mit Üben statt mit

Kleeblattsuchen?, will Laura schon fragen. Aber sie lässt es lieber bleiben. Der Tag ist viel zu schön, um zu streiten.
Über ihr strahlt die Sonne und von ihrem Hochsitz aus hat sie eine tolle Aussicht bis in die Kronen der Obstbäume.
Ob die Kirschen schon reif sind? Laura streckt den Arm aus und pflückt zwei ab. Eine steckt sie gleich in den Mund, die andere wirft sie in Kims Richtung. Obwohl Laura nicht die beste Werferin ist, trifft sie genau.
„Aua, Mann!" Kim reibt sich den Hinterkopf. „Was soll das?"
Laura grinst: „War doch nur eine harmlose Kirsche. Vielleicht bringt die mehr Glück als ein Kleeblatt?"
Sie lässt sich nach hinten fallen und hält sich nur noch mit den Kniekehlen an der Stange fest. Kim wird schon vom Zugucken ganz anders.
„Wenn du dir das Genick brichst, wird das

nichts mit dem Tanzen", prophezeit sie. Sie pustet sich eine Haarsträhne aus dem Gesicht und robbt ein Stück zur Seite, falls Laura runterfällt.

Aber die lacht nur und spuckt ihren Kirschkern aus. „Ich werde berühmt und tanze um die ganze Welt!", ruft sie und macht eine Rückwärtsrolle. Gekonnt landet sie im Gras, genau vor Kims Nase. „Und dann trete ich an den Opernhäusern von Mailand und Paris auf!" Sie stellt sich in Positur, hebt beide Arme über den Kopf und dreht eine Pirouette.

„Ha! Da lachen ja die Hühner!" Kim zeigt ihr einen Vogel. „Erstens ist Ballerina überhaupt kein richtiger Beruf und zweitens: du und berühmt! Sonst noch was? Du hast ja

noch nicht mal Ballettunterricht! Und an der Oper wird nicht getanzt, sondern gesungen! Das weiß doch jedes Baby!", fügt sie hinzu.
Laura hört gar nicht hin. Nur weil Kim ein paar Wochen älter ist als sie und seit ein paar Monaten Judo macht, heißt das noch lange nicht, dass sie alles besser weiß!
Natürlich ist Ballerina ein richtiger Beruf, das weiß Laura genau. Und zwar der schönste Beruf auf der ganzen Welt!
„Du wirst es ja sehen!", sagt sie zu Kim. Sie rümpft die Nase und hüpft auf einem Bein.
„Und das blöde Gehopse soll Ballett sein?", kichert Kim. „Ist ja voll albern!"
Kims Eltern kommen aus Korea. Kim interessiert sich nicht fürs Tanzen, kein Stück. Sie mag nur Judo und Karate. Ballett ist was für Schnepfen, findet sie. Und zwar für ziemlich eingebildete Schnepfen!
Laura hat Kim ganz vergessen. Mit geschlossenen Augen tanzt sie durch den verwilderten

Garten, fügt Pirouette an Pirouette und bleibt schließlich stehen.
Im Schatten der alten Bäume lässt sie die Arme sinken. Das Publikum jubelt ihr zu. Ihr, Laura-Marie Brendel, der Primaballerina der Pariser Oper!
Laura kann den rauschenden Beifall hören. Rosen werden auf die Bühne geworfen. Sie verneigt sich und tut so, als würde sie eine davon aufheben und daran schnuppern.
„Ich glaub, du warst zu lange in der Sonne!" Kim springt auf und bohrt Laura einen Zeigefinger zwischen die Rippen.
„Aua!" Laura will sich rächen, aber Kim ist zu flink und entwischt ihr.
Atemlos kommen sie auf der Terrasse an und

werfen sich in zwei Liegestühle. Im Schatten der bunten Markise stehen Limonade und Kekse auf einem kleinen Tischchen.
„Was willst du denn später mal werden?", fragt Laura.
Kim nimmt einen Keks. „Keine Ahnung", meint sie. „Am liebsten Judoweltmeisterin. Aber wir gehen ja gerade mal in die dritte Klasse. Ich bin acht! Wie soll ich da schon wissen, was ich später mal werden will? Wenn wir groß sind, gibt's vielleicht Berufe, die es jetzt noch gar nicht gibt!"
„Welche denn?", will Laura wissen.
Kim überlegt. „Hm", sagt sie. „Zoowärterin auf dem Mond vielleicht. Oder Tankwartin für Solarautos auf dem Mars. Oder Raketen-taxifahrerin?" Sie grinst.
„Klar, auf der Milchstraße, oder was?" Laura kichert. „Na, wenn das richtige Berufe sein sollen, dann ist Ballerina ja wohl erst recht einer!"

„Stimmt“, gibt Kim zu. „Trotzdem hab ich keine Ahnung, was ich später mal werden will. Ich warte einfach noch ein bisschen ab. Im Gegensatz zu dir“, fügt sie hinzu.
Laura nickt. Ja, ihre Entscheidung steht fest. Seit sie denken kann, will sie zum Ballett. Die Sache hat nur einen verflixten Haken: Weit und breit gibt es keine einzige Ballettschule. Wie soll sie jemals eine richtige Primaballerina werden – ohne Ballettunterricht?
Es ist zum Mäusemelken! Sie zieht die Nase kraus und niest.
„Wenn du Primaballerina werden willst“, lacht Kim, „darfst du aber nicht niesen wie ein Nilpferd. Tänzerinnen sind immer piekfein und hüpfen in niedlichen rosa Kleidchen rum.“ Sie wirft einen Blick auf ihre Uhr und springt auf. „Mist, ich muss los! Mathe üben und Aufsatz schreiben!“
Laura bringt die Freundin ans Gartentor, wo Kims Rad steht.

„Vielleicht finde ich ja noch einen Glücksklee", sagt sie zum Abschied.
Kim hat sich schon aufs Rad geschwungen. „Bis morgen!", ruft sie und braust davon.

Laura und der Glücksbringer

Langsam geht Laura durch den verwilderten Garten zurück. Dass ihre Eltern keine großen Gärtner sind, sieht man auf den ersten Blick: Der Weg zum Haus ist fast zugewachsen und der Rasen müsste auch dringend mal wieder gemäht werden.
Aber dafür wachsen überall Butterblumen und Gänseblümchen, hübsch eingerahmt von Löwenzahn und Klee. Eine richtig tolle Wildblumenwiese ist das, findet Laura. Ein Paradies für Hummeln, Bienen und Schmetterlinge.
Warum soll hier eigentlich kein vierblättriges Kleeblatt wachsen?, denkt sie und guckt ein bisschen genauer hin.
Zwischen zwei Steinplatten wächst der Klee besonders dicht. Sie bückt sich. Aber als sie die

Hand ausstreckt, ist es nur ein ganz normales dreiblättriges Kleeblatt.

Laura grinst. Jetzt kriecht sie auch durch den Garten. Genau wie vorher Kim.
Aber dann reißt sie plötzlich die Augen auf: Direkt vor ihrer Nase sprießt ein wunderhübsches Kleeblatt aus dem Rasen. Und dieses Kleeblatt hat nicht ein oder zwei, auch nicht drei, sondern vier runde Blätter! Ein echtes vierblättriges Kleeblatt!
„Ein Glücksklee!“, jubelt Laura. Sie will den dünnen Stängel schon abbrechen, da hat sie eine bessere Idee. Sie verschwindet im Gartenschuppen und kommt mit einer Schaufel und einem kleinen Blumentopf wieder heraus.
Behutsam gräbt sie den Klee mitsamt seinen Wurzeln und etwas Erde aus und setzt ihn in den Tontopf.

„Das ist viel besser, als getrocknet und plattgedrückt zu werden, oder?“, sagt Laura zu dem Glücksklee.
Mit dem kleinen Blumentopf in der Hand tanzt sie quer durch den Garten bis ins Haus.
Im Haus ist es still. Mama hat Lehrerkonferenz, fällt Laura ein, und Papa werkelt bestimmt noch in der alten Mühle. Sie geht in die Küche und nimmt einen Apfel aus dem Korb.

Lauras Mutter ist Lehrerin. Sie unterrichtet Sport und Englisch und hat immer schrecklich viel zu tun. Und Lauras Vater hat sich erst vor kurzem selbstständig gemacht. Er repariert alte Holzmöbel und baut neue, nach eigenen Entwürfen. Landhausmöbel nennt er die.
Papa braucht viel Platz für die alten und neuen Möbel, den Laden, die Tischlerwerkstatt und sein Werkzeug. Deshalb hat er eine alte Windmühle am Stadtrand gemietet.
Laura mag es, wenn er abends nach Hause

kommt, nach frischem Holz riecht und manchmal sogar noch Hobelspäne im Haar hat.
„Na, Zwerg?“ Unbemerkt hat Benni sich angeschlichen. Er gibt Laura einen Stups und grinst. „Hast du wieder den ganzen Nachmittag Ballerina gespielt?“
Benni ist Lauras großer Bruder. Er ist schon fast vierzehn, aber ziemlich nett für einen Jungen, findet Laura. Wenn er nur nicht immer Zwerg zu ihr sagen würde! Nur weil sie ein paar Zentimeter zu klein ist für ihr Alter!
„Was geht dich das an?“, kontert Laura. „Ich frag ja auch nicht, wie lange du vor deinem Computer gehockt hast!“
„Ich würd's dir auch gar nicht verraten, Zwerg!“
Benni zwinkert ihr zu und verschwindet in seinem Zimmer. Wenig später hört Laura das leise Brummen seines PCs.

Lauras Entdeckung

Laura hat Langeweile und geht ins Wohnzimmer. Lustlos blättert sie in einer Zeitung, die auf dem Tisch liegt. Das meiste handelt von Politik und Sport oder ist blöde Reklame, stellt sie fest. Aber dann fällt ihr plötzlich unter „Vermischtes" eine dick umrandete Anzeige auf und ihr Herz macht einen Hüpfer.

„Neueröffnung: Institut für klassisches Ballett und modernen Tanz", liest sie atemlos, während ihre Augen größer und größer werden. „In der Caprivistraße 1 hat Annick Moulin Anfang des Monats die Ballettschule ‚La Danse' eröffnet. In den neu gestalteten Räumen bietet die ehemalige

Balletttänzerin, die aus Frankreich stammt, professionellen Unterricht für alle Altersstufen an. Nähere Auskünfte und Anmeldungen am Telefon oder in der Ballettschule."

Laura lässt die Zeitung sinken.

„Aber das ist ja –", murmelt sie.

„Das wäre ja –"

Sie hört, wie in der Haustür ein Schlüssel umgedreht wird.

„Hallo!", ruft Mama. „Niemand zu Hause?"

„Doch! Hier, im Wohnzimmer!" Laura springt auf. „Mama, das musst du dir angucken!", ruft sie. „Das glaubst du nie!"

Lauras Mutter runzelt die Stirn. Sie sieht müde aus. „Lass mich doch erst mal ankommen", bittet sie, als Laura hektisch mit der Zeitungsseite vor ihrer Nase herumwedelt. „Ich hab den ganzen Tag nichts Anständiges gegessen. Eine Konferenz nach der anderen und die ganze Zeit gab es nur schwarzen Kaffee und staubtrockene Plätzchen, brr!"

Laura rauft sich die Haare. Oh, Mann!
„Setz dich hin und entspann dich“, sagt sie schnell. „Ich hol dir was zu trinken und ein paar Kekse.“
„Nein, bloß keine Kekse mehr!“, ruft Mama.
Laura schiebt sie sanft ins Wohnzimmer und breitet demonstrativ die Zeitung vor ihr aus.
Frau Brendel lässt sich in die weichen Sofapolster sinken und schließt die Augen.
Blitzschnell verschwindet Laura in der Küche und kommt mit einem großen Glas Eistee zurück. Sie stellt es auf den Tisch und schiebt die Zeitung mit der Anzeige noch ein Stück weiter nach vorn. So muss Mama sie doch sehen!
Aber die murmelt nur ein müdes „Danke, mein Schätzchen“ und trinkt mit halb geschlossenen Augen einen Schluck Eistee.
Laura hockt sich auf eine Sesselkante und rutscht unruhig hin und her. In ihren Ohren rauscht es. Wie soll sie nur anfangen?

Mama seufzt noch einmal, aber dann macht sie endlich die Augen auf.

„Wolltest du mir nicht was Wichtiges erzählen?“, fragt sie.

Laura nickt. „Ja“, sagt sie aufgeregt. „Hier, lies mal!“

Während ihre Mutter die Anzeigen studiert, wird Laura immer zappeliger.

„Und?“, fragt sie, als Mama endlich aufsieht. „Darf ich?“

„Was darfst du?“ Mama macht ein verständnisloses Gesicht.

„Na, Ballettunterricht nehmen!“ Laura klopft mit dem Zeigefinger auf die Anzeige. „Hier, in dieser neuen Ballettschule!“

„Ach so, das meinst du!“

Mama lacht. „Also, Laura, so schnell geht das nicht! Wolltest du nicht nächste Woche mit Kim zum Judo? Und was ist mit dem Klavierunterricht? Übst du überhaupt noch regelmäßig?"
„Ja, das heißt nein ...", druckst Laura herum. „Zum Klavierüben hab ich im Moment echt keine Zeit. Wegen der ganzen Hausaufgaben", fügt sie entschuldigend hinzu. „Aber das mit dem Judo lass ich natürlich, wenn ich dafür Ballettstunden krieg. Ballett ist mir viel wichtiger!"
„Ach, dafür hättest du Zeit? Trotz der vielen Hausaufgaben?" Mama streicht die Zeitung glatt und faltet sie sorgfältig zusammen.
„Mensch, Mama, das ist doch was ganz anderes", fängt Laura an zu quengeln, aber als sie Mamas Gesicht sieht, hält sie schnell den Mund.
„Ich weiß, wie gerne du zum Ballett möchtest", sagt Mama. „Aber zuerst muss ich mal mit Papa darüber reden. Wir haben viel Geld in seine

neue Werkstatt gesteckt. Bis alles richtig läuft, wird es noch einige Zeit dauern. Da sind vorläufig keine Extras drin – neben dem Klavier, das du unbedingt haben wolltest und das jetzt einstaubt, weil du nicht mehr darauf spielst."

Laura zuckt zusammen. „Ich spiel gleich noch ein halbes Stündchen", sagt sie schnell. „Hatte ich sowieso gerade vor. Und ich verzichte aufs Taschengeld, bis an mein Lebensende! Zu Weihnachten und zum Geburtstag wünsch ich mir auch nichts mehr, wenn ich nur zum Ballett darf! Bitte, sag ja!"

„Beruhig dich erst mal", schlägt Mama vor. „Ich rede heute Abend mit Papa und dann sehen wir weiter. Ich hab keine Ahnung, wie teuer Ballettunterricht überhaupt ist, aber ganz billig wird das sicher nicht sein mit der ganzen Ausrüstung, den Schuhen …"

Laura will etwas einwenden, aber sie zwingt sich zur Ruhe. Mama darf auf keinen Fall nein sagen. Das wäre ja nicht auszudenken – jetzt, wo ihr größter Traum zum Greifen nahe ist! Ihr Herz pocht wie verrückt. Eine Ballettschule in der Stadt!

„Ich geh dann mal in mein Zimmer", murmelt sie. In ihrem Kopf summt es. Es muss einfach klappen! Es MUSS!

Papa stellt sich taub

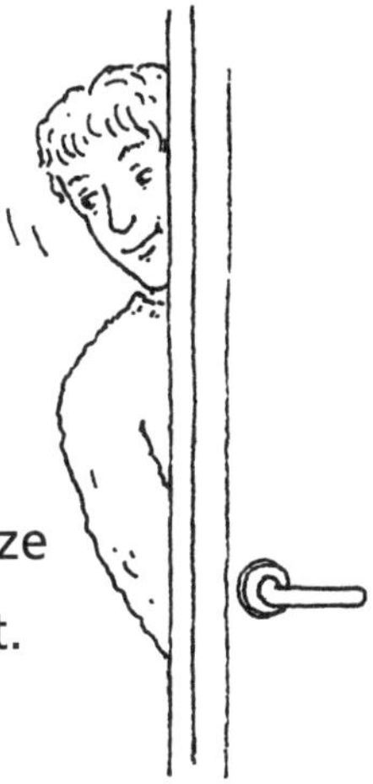

„Hallo, Prinzessin!“ Papa steckt seinen Kopf in Lauras Zimmer. „Schläfst du schon?“
„Nee, kein Stück. Komm rein.“ Laura liegt schon im Bett. Bis zur Nasenspitze hat sie sich in ihre Decke gemummelt. Rundherum hängen Poster an den Wänden. Eins zeigt eine Ballerina in einem schneeweißen Tutu, auf einem anderen sind vier Tänzerinnen abgebildet, die sich an den Händen halten und auf den Spitzen tanzen. Daneben hängen Miniballettschuhe aus rosaglänzender Seide.
Eigentlich wollte Laura vor dem Einschlafen noch ein bisschen lesen, aber das hat nicht funktioniert. Kein Wunder: Immerzu muss sie an die Ballettschule denken und ob sie darf!

Papa setzt sich auf die Bettkante. Laura schnuppert an seinem Hemd. Es riecht nach Holz und Leim und Sägespänen.

„Hat Mama dir schon was gesagt?" Laura kneift die Augen zusammen und hält die Luft an. Ihr Buch rutscht von der Bettdecke.

Papa hebt es auf und nickt.

„Hm, hm", brummt er.

„Und?", fragt Laura gespannt.

Papa blättert in dem Buch und tut so, als würde er die Inhaltsangabe lesen.

Laura zieht die Nase kraus und wackelt unter der Decke mit den Zehen. Das macht sie immer, wenn sie aufgeregt ist.

„Und?", fragt sie noch einmal. Ein bisschen lauter diesmal, falls Papa vielleicht Sägemehl in den Ohren hat und sie nicht versteht.

„Und was?“, fragt Papa. Er klappt das Buch zu und guckt Laura verwundert an.
Laura stöhnt auf. Vielleicht hat Papa ja tatsächlich Sägemehl in den Ohren? Dann ist alles verstopft und er kann sie wirklich nicht verstehen! Oder tut er nur so?
Sie wirft einen Blick in Papas linkes Ohr. Nee, da ist keine Spur von Sägemehl. Ins rechte Ohr kann sie leider nicht gucken, das ist auf der anderen Seite. Aber dafür bemerkt sie plötzlich ein kleines Zucken um Papas Mundwinkel und sieht, dass sich die Lachfältchen um seine Augen verdächtig kräuseln.
Sie hält es nicht mehr aus. Mit Schwung wirft sie die Bettdecke von sich und springt auf.
„Los, sag schon!“, ruft sie, während sie auf und ab hüpft und die Matratze in wilde Schwingungen versetzt. „Wie findest du das mit der Ballettschule?“
Papa hüpft im Sitzen mit auf und ab. Er macht ein Gesicht, als ob er seekrank wäre.

„Hör erst mal mit diesem Gehopse auf!" Er hält sich an einem Bettpfosten fest und macht ein grimmiges Gesicht. „Und zwar sofort!"
Laura lässt sich fallen. Die Matratze und Papa machen einen letzten gemeinsamen Hüpfer. Wäre die Lage nicht so ernst, hätte Laura laut gelacht.
„Und?", fragt sie ein bisschen kleinlaut. „Erlaubst du's?"
Papa beugt sich vor und gibt ihr einen Stups auf die Nasenspitze.
„Mama geht morgen Nachmittag mit dir zu dieser neuen Tanzschule", sagt er. „Dann könnt ihr euch alles in Ruhe angucken und euch nach den Preisen erkundigen. Und dann –"
Er kann nicht weitersprechen. Laura fällt ihm um den Hals.
„Heißt das, ich darf?", jubelt sie. „Ich darf Ballettunterricht nehmen und richtig tanzen lernen und das alles?"

Papa drückt sie ganz fest. „Wenn die Schule einen guten Eindruck macht“, brummt er, „und der Unterricht und die Ausrüstung nicht zu teuer sind, dann darfst du, Prinzessin. Ich hab heute einen tollen Auftrag bekommen: Ich soll den Kindergarten mit neuen Möbeln ausstatten. Außerdem wissen Mama und ich doch, wie lange du dir schon Ballettstunden wünschst!“ Er zwinkert Laura zu. „Mama hat mir verraten, dass du dafür sogar auf sämtliche Weihnachts- und Geburtstags-geschenke und auf dein Taschen-geld verzichten würdest. Ich glaub, das ist ein gutes Geschäft. Da spar ich doch eine ganze Menge Geld, oder nicht?“

Laura wirft Papa einen Teddy an den Kopf. Sie weiß, dass er es nicht ernst meint, und lacht. Ihre Augen funkeln und in ihrem Bauch kribbelt es. „Heute ist der superaufregendste und tollste Tag in meinem Leben!“, ruft sie.

„Ich weiß, Prinzessin." Papa nickt. „Aber trotzdem musst du jetzt schlafen. Kleine Ballettratten müssen ausgeruht sein." Er steht auf und streicht die Decke glatt. „Schlaf gut. Und träum was Schönes."
Laura macht die Augen zu und kuschelt sich ins Kissen. Aber ans Einschlafen ist trotzdem nicht zu denken. Zum Glück muss sie morgen erst zur dritten Stunde in die Schule.
Junge, Junge, denkt sie aufgeregt. Eine richtige, echte Ballettschule und ein toller Auftrag für Papa! So viel Glück auf einmal! Da hat das Kleeblatt ja schon mächtig gewirkt!
Der Topf mit dem Glücksklee steht auf der Fensterbank. Das Kleeblatt hat sich ein bisschen zusammengerollt. Laura gähnt. Und dann schläft sie endlich ein.

Ein Schwein pfeift

Am nächsten Morgen wird Laura von einem leisen Pfeifen geweckt. „Muss das sein?", schimpft sie. „Hör auf, Schweini! Ich muss noch gar nicht aufstehen!"

Sie versucht, wieder einzuschlafen, aber es klappt nicht: Sie ist viel zu wach.

Besonders, als ihr plötzlich alles wieder einfällt: das Kleeblatt, die Tanzschule, der Ballettunterricht – heute geht es los!

Ob sie gleich richtig tanzen darf? Wie die Leute da wohl sind? Hoffentlich nett!

Am liebsten wäre Laura aufgesprungen und sofort losgerannt. Wie soll sie es bis zum Nachmittag aushalten?

Ihr Blick fällt auf den großen Käfig unter dem Fenster. Ein karamellfarbenes Meerschweinchen sitzt darin und pfeift.

„Hast du Hunger?", fragt Laura. Natürlich bekommt sie keine richtige Antwort, nur ein weiteres drängeliges Pfeifen und dazu einen vorwurfsvollen Blick aus dunklen Knopfaugen. Mit strubbeligen Haaren krabbelt Laura aus dem Bett und tapst durchs Zimmer.

Sie füllt frisches Heu in die kleine Futterraufe und gibt ein paar Brocken Trockenfutter in den Napf. Schweini fängt sofort an zu mümmeln, als hätte er seit Tagen nichts bekommen.

„Heute geh ich in eine richtige Ballettschule", erzählt Laura ihm. „Cool, was?"

Eine Weile guckt Laura ihrem Meerschweinchen beim Fressen zu, aber dann wird es ihr zu langweilig. Und außerdem bekommt sie kalte Füße.

Sie gibt dem Kleeblatt ein bisschen Wasser, dann zieht sie sich an und geht nach unten.

Benni musste zur ersten Stunde und ist schon weg. Papa gibt ihr noch einen Kuss, bevor er seinen Autoschlüssel schnappt und sich verabschiedet.
„Ich bin so gegen zwei zu Hause", sagt Mama zu Laura, während sie kalte Milch über die Cornflakes gießt und sich neben sie an den gedeckten Küchentisch setzt. „Dann können wir um halb drei bei der Ballettschule sein."
Um halb drei erst? Laura stöhnt auf und versenkt den Löffel in den Cornflakes. So lange noch? Wie soll sie nur den langen Vormittag in der Schule überleben?
Sie wirft einen Blick auf die Küchenuhr: kurz vor halb neun. Bis halb drei sind es noch mehr als sechs Stunden!

Sechs Stunden – das ist ja eine halbe Ewigkeit. Nein, denkt Laura düster, das ist eine GANZE Ewigkeit!

Zum Glück fällt die Mathearbeit aus, weil Herr Westermann, der Mathelehrer, krank ist.
Dafür ist Kim eingeschnappt, als Laura ihr in der Freistunde von dem Kleeblatt erzählt.
„Wie kommst du dazu, in eurem Garten ein vierblättriges Kleeblatt zu finden?", schimpft sie. „Du hast mir gestern doch erzählt, dass die bei euch ausgestorben sind!"
Laura hebt die Schultern. „Keine Ahnung, war wohl Zufall", meint sie. „Plötzlich war es da."
Kim schüttelt den Kopf. „Quatsch, das gibt's gar nicht", schnaubt sie. „Glücksklee fällt nicht einfach vom Himmel! Und außerdem bin ich den ganzen Nachmittag durch euren bescheuerten Garten gerobbt und nicht du! Eigentlich gehört das Kleeblatt also mir! Ich hab's nur

übersehen", fügt sie hinzu und verschränkt die Arme vor der Brust.
Wie bitte? Laura starrt die Freundin an. Jetzt reicht es aber!
„Ich hab das Kleeblatt gefunden", sagt sie bestimmt, „also gehört es mir auch! Such dir gefälligst selbst eins!"
Kims schmale braune Augen funkeln, aber dann gibt sie sich einen Ruck. „Okay", brummt sie. „Aber wenn wir Mathe schreiben, bringst du's mit! Wir können es ja auf unseren Tisch stellen, genau in die Mitte. Dann kann es uns beiden Glück bringen."
„Na gut", sagt Laura großzügig. „Einverstanden." Dann erzählt sie Kim von der neuen Tanzschule und dass sie da vielleicht – nein, ganz bestimmt! – Ballettunterricht bekommt.
Die Freundin ist schwer beeindruckt. „Hast du schon geübt?", fragt sie. „Da muss man doch dauernd auf den Zehenspitzen rumhüpfen und dabei Luftsprünge machen und solche Sachen.

Bestimmt musst du vortanzen und zeigen, dass du genug Talent hast und auf den Zehenspitzen laufen kannst!"

Laura läuft es eiskalt den Rücken herunter. Daran hat sie ja überhaupt nicht gedacht! Dabei handelt ihr Lieblingsbuch von einem Mädchen, das Ballerina werden will. Und als das Mädchen umzieht und an eine neue Ballettschule kommt, muss es da vortanzen. Natürlich muss man vortanzen, wenn man an einer Ballettschule tanzen will, da ist sich Laura jetzt ganz sicher.

Sie steht auf und stellt sich probehalber auf die Zehenspitzen. Aber in Turnschuhen ist das gar nicht so einfach.

„Na, das sieht ja ganz schön wacklig aus", meint Kim kritisch.
Zum Glück betritt in diesem Moment Frau Klausen das Klassenzimmer und Laura hat keine Zeit mehr, sich Sorgen wegen des Vortanzens zu machen.
Trotzdem hat sie große Mühe, sich zu konzentrieren, und Frau Klausen muss sie einige Male ermahnen.
„Wir haben Sachkunde, Laura-Marie", sagt die Lehrerin, „und nicht Traumstunde!"
Laura versucht, sich zusammenzureißen, aber als Frau Klausen sie fragt, welche Erfindung wohl die wichtigste für die Menschheit ist, antwortet sie prompt: „Ballett!"
Alle lachen, sogar Kim. Laura wird puterrot. Wie peinlich!

Als es endlich zum Schulschluss läutet, fällt Laura ein dicker Stein vom Herzen. Puh, das wäre geschafft!

Sie beeilt sich, zum Fahrradständer zu kommen, und setzt schon im Laufen den Helm auf.
Kim holt sie ein. „Moment!", ruft sie. Sie macht: „Toi, toi, toi!", dann spuckt sie Laura dreimal über die Schulter.
„Igitt! Was soll das denn?", fragt Laura.
Kim grinst: „Das macht man so beim Ballett. Das bringt Glück. Hab ich neulich im Fernsehen gesehen."
„Echt?" Laura ist sich nicht sicher, ob sie der Freundin glauben soll, aber nett ist es trotzdem. Sie kann schließlich jede Menge Glück brauchen – besonders, wenn sie nachher vortanzen muss!
„Nimm deinen Glücksklee mit!", rät Kim ihr noch, dann radelt sie winkend davon, während Laura in die entgegengesetzte Richtung abbiegt.

Mama ist noch nicht zu Hause. Klasse!, denkt Laura. Dann kann ich noch ein bisschen üben!

Sie wirft ihren Ranzen in den Flur und geht ins Wohnzimmer.
An Hausaufgaben und Mittagessen verschwendet sie keinen einzigen Gedanken. Schließlich hat sie Wichtigeres zu tun.

Aus einem Regal sucht sie ihre Lieblings-CD heraus: Dornröschen.
Laura liebt nicht nur das Märchen über alles, sondern auch das Ballett mit der Musik von Tschaikowsky, dem berühmten russischen Komponisten.
Als leise Violinen erklingen, weiß Laura, dass sie das Erscheinen der Fliederfee ankündigen.
Mit geschlossenen Augen konzentriert sie sich ganz auf die Melodie.
Und dann fängt sie an zu tanzen.
In ihrer Fantasie schweben wunderschöne Tänzerinnen als Feen kostümiert durch einen festlich geschmückten Ballsaal. Sie tragen glitzernde Trikots und prächtige Tutus. Und eine der Tänzerinnen ist sie, Laura-Marie!

In einem rosafarbenen Kleid tanzt sie schwerelos auf Spitze und nimmt lächelnd den Beifall des Publikums entgegen.
Erst als Mamas Auto in die Einfahrt rollt, macht Laura die Augen wieder auf. Schnell stellt sie die Musik aus. Sie ist aus der Puste, aber glücklich.
Wenn das Tanzen im Wohnzimmer schon so viel Spaß macht, wie toll muss es dann erst sein, auf einer richtigen Bühne zu tanzen?

„La Danse" heißt „der Tanz"

Laura tun vom Üben die Füße weh, als sie sich am Nachmittag mit Mama auf den Weg zur Ballettschule macht.
Sie beißt die Zähne zusammen und versucht, sich nichts anmerken zu lassen. Aber natürlich merkt Mama sofort, dass da etwas nicht stimmt.
„Geht es dir nicht gut?", fragt sie. „Du bist ein bisschen blass."
„Mir geht's gut", versichert Laura schnell. „Echt, supergut!"
„Und warum gehst du so merkwürdig?", bohrt Mama weiter. „Sind dir die Schuhe zu klein?" Sie seufzt. „Das kann nicht sein. Die sind doch ganz neu!"
Laura zwingt sich zu einem Lächeln. „Die Schuhe sind klasse, Mama, echt. Und mir geht's

gut. Alles okay." Zum Beweis hüpft sie ein paar Schritte.
„Dann ist es wohl die Aufregung", meint Mama.
Laura verdreht die Augen. Sie hat überhaupt keine Energie mehr, um aufgeregt zu sein. Im Gegenteil: Sie ist müde und hungrig und wäre am liebsten auf der Stelle umgekehrt. Wie soll sie in diesem Zustand anständig vortanzen? Außerdem hat sie ihren Glücksklee vergessen. Das ist bestimmt ein schlechtes Vorzeichen!

Die Tanzschule liegt in einer Seitenstraße. Laura kann sich gar nicht vorstellen, dass es hier – zwischen all den hässlichen grauen Bürohäusern und Elektromärkten – eine Ballettschule geben soll. Aber dann sieht sie an einem unscheinbaren weißen Haus ein glänzendes Schild und ihr Herz klopft ein bisschen schneller.

„La Danse“ steht in verschnörkelten Buchstaben auf dem Schild.

Laura kann zwar kein Französisch, aber sie ist sich ziemlich sicher, dass das übersetzt „der Tanz“ heißt.

„Akademie ‚La Danse‘ – klassisches Ballett und moderner Tanz“, liest Mama vor. „Leitung: Mme Annick Moulin.“ Sie dreht sich zu Laura um. „Na, was sagst du?“

Laura schluckt. „Was bedeutet denn dieses ‚Mme‘?“

„Das ist die Abkürzung für Madame“, sagt Mama. „Die Leiterin ist doch Französin. Madame Annick Moulin – hört sich hübsch an, nicht? Wollen wir reingehen?“

Laura hätte am liebsten Mamas Hand genommen, aber das geht natürlich nicht. Wie würde das denn aussehen?

Sie gibt sich einen Ruck und nickt: „Ja, klar. Aber haben die überhaupt schon auf?“

Mama gibt der Tür einen Stoß und hält sie auf. Laura schlüpft hinein. Irgendwo spielt jemand Klavier.
Neugierig sieht sie sich um. Der Vorraum ist hell und freundlich. An einer Seite ist ein Tresen aus hellem Holz. In der Ecke gegenüber stehen eine gemütliche Sitzgruppe und ein Getränkeautomat.
Eine schmale Tür führt zu den Umkleideräumen, eine zweite zu den Übungsräumen und Tanzsälen, wie Laura von den Hinweisschildern ablesen kann.
Überall an den Wänden hängen gerahmte Fotos von berühmten Tänzerinnen und Tänzern, manche davon mit Autogramm.
Laura weiß gar nicht, wo sie zuerst hingucken soll.
In mehreren Glaskästen sind Spitzenschuhe und Schläppchen ausgestellt. Daneben hängen verschiedenfarbige Trikots und Tutus an langen Metallstangen.

Vorsichtig fährt Laura mit der Hand über die feinen Stoffe.

„Bist du bescheuert? Nicht anfassen!" Ein blondes Mädchen, kaum älter als Laura, aber ein ganzes Stück größer, kommt um die Ecke.

Es funkelt Laura böse an. „Weißt du eigentlich, wie teuer so ein Tutu ist? Das betatscht man nicht mit fettigen Schmierfingern!"

Laura und ihre Mutter sind einen Moment sprachlos, aber Laura fängt sich schnell wieder.
„Ich hab überhaupt keine fettigen Schmierfinger!", protestiert sie.
„Nein, bestimmt nicht", versichert Mama schnell. Sie macht ein ärgerliches Gesicht.
Laura mustert das fremde Mädchen von oben bis unten. Es trägt eine weiße Strumpfhose, ein rosa Trikot und Tanzschläppchen. Die blonden Haare hat es zu einem festen Knoten hochgesteckt.
„Tanzt du hier?", fragt Laura neugierig.
„Geht dich gar nichts an", zischt das Mädchen. Es öffnet eine Tür und verschwindet im Umkleideraum. „Und Pfoten weg von den Kleidern!"
Mit einem lauten Knall schlägt die Tür hinter ihr zu.
„Also, so was!", schimpft Mama. „Das Mädel sollte erst mal Manieren lernen statt Tanzen!"
„Bonjour, kann ich Ihnen helfen?", fragt eine freundliche Stimme.

Laura und Mama drehen sich um. Vor ihnen steht eine zierliche Frau in einem wadenlangen Tanzrock. Um die Hüfte hat sie eine Wickeljacke geschlungen. Ihre langen schwarzen Haare sind zu einem perfekten Ballerinaknoten zusammengefasst. Sie lächelt Laura an und fragt: „Kommst du wegen des Unterrichts?" Laura kann nur nicken. Zum Glück kommt Mama ihr zu Hilfe.

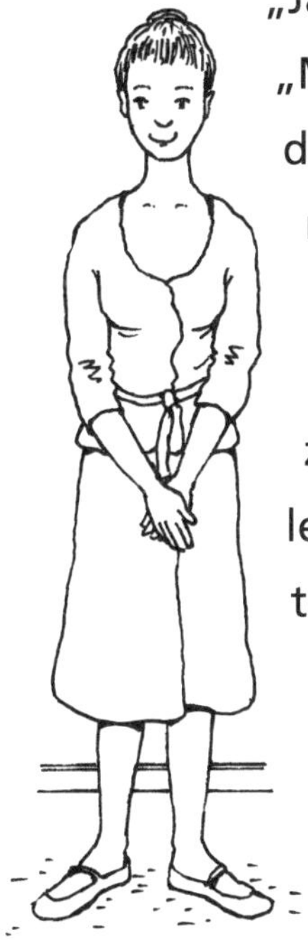

„Ja", sagt sie und stellt sich vor. „Meine Tochter möchte Ballettstunden nehmen. Es ist schon seit Jahren ihr größter Wunsch", fügt sie hinzu.

„Ah, das ist ja wunderbar!" Die zarte Frau mustert Laura wohlwollend, dann sagt sie mit einem leichten Kopfnicken: „Ich bin Annick Moulin, die Leiterin der Tanzschule. Und wie heißt du?"

„Laura", antwortet Laura.

„Eigentlich Laura-Marie, aber alle nennen mich nur Laura."
Madame Moulin nimmt ihre Hand. „Ein hübscher Name, Laura. Und wie alt bist du?"
Hilfe, denkt Laura. Ist das ein Verhör?
„Ich werde in vier Wochen neun", stößt sie hervor. Soll sie sonst noch was sagen? Vielleicht Gewicht oder Körpergröße?
Aber Madame Moulin scheint zufrieden zu sein. Sie lässt Lauras Hand los und meint: „Du bist recht klein für dein Alter, aber du hast eine gute Körperhaltung. Treibst du viel Sport? Oder machst du regelmäßig Gymnastik?"
Laura stellt sich noch ein bisschen gerader hin – wegen der guten Körperhaltung – und antwortet: „Ich turne gern, aber nur in der Schule, nicht im Verein. Tanzen finde ich viel besser!"
Mama wirft Laura einen kurzen Blick zu, aber Madame Moulin lacht. „Dann ist mein Schnupperkurs für dich bestimmt das Richtige", sagt

sie. „Da kannst du ausprobieren, ob du überhaupt Spaß am Ballett hast. Und wenn du anschließend weitermachen möchtest, kannst du direkt in meinen Anfängerkurs wechseln."
Laura verkneift sich ein Grinsen. So wie Madame Moulin „Schnupperkurs" ausspricht, hört es sich an wie „Schnüpperkürs". Der französische Akzent ist echt witzig!
„Hattest du schon mal Ballettstunden?", fragt Madame Moulin.
„Nein, noch nie", sagt Laura, wobei sie das „nie" extra betont.
Madame Moulin führt Laura und Mama an den Tresen und holt ein paar Prospekte hervor. „Der Schnupperkurs dauert vier Wochen", erklärt sie. „Der Unterricht findet an zwei Tagen pro Woche statt. Wir tanzen natürlich noch nicht klassisch, sondern machen kreativen Kindertanz mit vielen spielerischen Elementen und viel Spaß an der Bewegung."
„Das hört sich gut an." Mama nickt. „Wie teuer

ist dieser Schnupperkurs? Und was kommt noch an Kosten für die Ausrüstung dazu?"
Madame Moulin nennt eine Summe. Aber sie sagt auch, dass es überhaupt nicht nötig ist, für den Schnupperkurs gleich eine komplette Ballettausrüstung anzuschaffen.
„Ein enganliegender Gymnastikanzug, eine Strumpfhose und leichte Gymnastikschuhe genügen für den Anfang vollkommen", sagt sie.
Trotzdem hält Laura erschrocken die Luft an.
So teuer?
Das ist ja viel mehr, als sie mit ihrem Verzicht auf Taschengeld und sämtliche Geschenke aufbringen kann! Wenn der Schnupperkurs schon so viel kostet, wie teuer wird dann erst der richtige Ballettunterricht sein?

„Das ist vollkommen in Ordnung", sagt Mama in diesem Moment. „Wenn Sie noch einen Platz frei haben, möchte ich meine Tochter gerne für den Kurs anmelden."

Verblüfft starrt Laura Mama an. Hat sie richtig gehört? Sie will sie anmelden? Jetzt sofort? Obwohl der Kurs so teuer ist?
Aber das ist ja –
„Wahnsinn!“, entfährt es Laura laut. Prompt wird sie rot, aber Mama und Madame Moulin achten gar nicht auf sie.
„Der Kurs beginnt am kommenden Montag“, sagt Madame Moulin. „Allerdings haben sich erst sechs Kinder angemeldet, mit Laura sind es sieben. Um den Kurs durchführen zu können, brauche ich mindestens acht Anmeldungen.“
Laura reißt die Augen auf. Wieso das denn? Ob sieben oder acht, ist doch piepegal!
Aber das ist es nicht, wie sie von Madame Moulin erfährt.
„Im Schnupperkurs brauche ich eine gerade Anzahl von Kindern“, erklärt die Ballettlehrerin. „Ich arbeite dort viel paarweise. Bei einer ungeraden Zahl wäre immer ein Kind übrig.“

Mir doch egal!, will Laura schon sagen. Ich kann auch allein tanzen.
Aber Mama kommt ihr zuvor.
„Ja, das verstehe ich“, sagt sie. „Kann ich Laura trotzdem schon anmelden? Damit sie auch wirklich dabei ist, wenn der Kurs stattfindet?“
Annick Moulin lächelt und sagt: „Mais oui! Selbstverständlich!“
Laura kann sich ein Kichern nicht verkneifen. Das „mäh hui“ und „selbstverstöndliesch“ der Französin klingen einfach zu lustig!
Madame Moulin nimmt ein Formular aus der Schublade und reicht es Mama. „Lesen Sie es sich bitte in aller Ruhe durch. Es steht alles drin, auch was die Versicherung der Kinder angeht.“

Sie zeigt auf die kleine Sitzgruppe in der Ecke. „Ich muss jetzt zurück in den Unterricht. Legen Sie das Formular einfach auf den Tisch. Wenn Sie noch Fragen haben, können Sie mich jederzeit gerne anrufen." Sie wendet sich an Laura: „Vielleicht kannst du noch eine Freundin fragen, ob sie Lust hat, mitzukommen? Wenn der Kurs voll wird, sehen wir uns am Montag. Adieu."

„Wieso adjöh?", platzt Laura heraus. „Muss ich denn gar nicht vortanzen?"

Madame Moulin lacht: „Aber nein! Du sollst hier doch erst lernen zu tanzen. Bei mir gibt es keine Aufnahmeprüfung, keine Angst!"

Immer noch leise lachend, dreht sie sich um und verschwindet hinter der Tür mit der Aufschrift „Zu den Tanzsälen".

Laura fällt ein Stein vom Herzen. Schnell hilft sie Mama beim Ausfüllen der Anmeldung, dann hüpft sie hinaus.

„Ich darf tanzen!", jubelt sie. „Ich darf zum Ballett!"

Am Abend lädt Papa die Familie zum Pizzaessen ein.

So viel Glück an einem Tag!, denkt Laura. Zuerst Ballett und jetzt auch noch Pizza! Sie kann gar nicht mehr aufhören zu grinsen, so glücklich ist sie.
„Wenn du erst mal beim Ballett bist“, meint Benni, „darfst du aber nicht mehr so viel futtern! Sonst wirst du zu fett!“ Er zeigt auf Lauras Pizza Quattro Stagione mit Extrabelag und doppelt Käse.
„Also, Benni!“, schimpft Mama. „Nun setz Laura bloß keinen Floh ins Ohr!“
„Keine Panik“, mümmelt Laura zwischen zwei Bissen. „Ich fang bestimmt nicht an zu hungern. Dafür schmeckt es mir viel zu gut. Und außerdem können Tänzerinnen gar nicht fett werden, bei dem ganzen Training jeden Tag.“
„Bald bist du also eine richtige Ballettratte“, sagt Papa und prostet ihr mit Apfelsaft zu. „Freust du dich?“
„Und wie!“ Laura kann es kaum noch abwarten.

Dabei mag sie gar nicht daran denken, dass der Kurs vielleicht nicht stattfinden kann, wenn sich kein achtes Kind anmeldet. Der Gedanke ist viel zu schrecklich!

Als sie später im Dunkeln in ihrem Bett liegt, muss sie aber doch wieder daran denken. Sie ist so nah dran an ihrem Traum vom Tanzen – da darf einfach nichts dazwischenkommen!
„Der Kurs muss stattfinden", flüstert Laura in die Dunkelheit. „Er muss!"
In seinem abgedeckten Käfig raschelt Schweini leise im Stroh. Das Glückskleetöpfchen steht auf der Fensterbank. Ein blasser Streifen Mondlicht fällt durch einen Spalt im Vorhang darauf.

„Bring mir Glück, hörst du?", murmelt Laura. „Mach, dass sich bis Montag noch ein Kind anmeldet! Damit der Schnupperkurs stattfindet!"

Das Kleeblatt rührt sich nicht, und Laura fragt sich, ob sie sich in dieser wichtigen Angelegenheit wirklich auf eine Pflanze verlassen sollte.
Nein, beschließt sie. Lieber nicht. Jedenfalls nicht nur.
Im Stillen geht sie die Mädchen aus ihrer Klasse durch, welches von ihnen sie vielleicht zu dem Kurs überreden könnte.
Die Jungs lässt sie gleich außer Acht. Die interessieren sich sowieso nur für Fußball und halten Ballett wahrscheinlich für eine ansteckende Krankheit.
Aber die Mädchen? Hm, wahrscheinlich auch zwecklos. Die stehen doch alle nur auf Reiten und Pferde, bestimmt nicht auf Tanzen und Ballett.
„Mist!", flucht Laura leise. „Wo krieg ich nur das achte Mädchen her?"
Plötzlich hat sie eine Idee. Und zwar eine supergeniale Spitzenidee! Warum ist sie nicht

früher darauf gekommen? Zufrieden grinsend kuschelt sie sich in die Kissen.

„Der Kurs findet statt“, brummt sie. „So wahr ich Laura-Marie Brendel heiße!“

Kim muss helfen

„Du musst mitkommen, Kim“, fleht Laura. „Bitte, du musst! Es ist lebenswichtig!“

„Ich und Ballett?“ Kim zeigt ihr einen Vogel. „Spinnst du? Vergiss es! Nicht mal im Traum! Das ist mir viel zu affig. Und außerdem mach ich schon Judo!“

Den halben Vormittag versucht Laura schon, Kim zum Ballett zu überreden, aber so schwer hat sie sich das nicht vorgestellt. Kim benimmt sich störrischer als der sturste Esel. Da war’s ja leichter, ihre Eltern zu überreden!

„Es ist doch nur für vier Wochen“, jammert Laura. „Wenn der Schnupperkurs vorbei ist und ich in den Anfängerkurs gehe, kannst du doch gleich wieder aufhören!“

„Ich fang gar nicht erst an“, erwidert Kim ungerührt.

Laura hat Tränen in den Augen. „Bitte, Kim“, startet sie einen letzten Versuch. „Gib dir einen Ruck! Du kriegst von mir auch –“ Mein ganzes Taschengeld, hätte sie fast gesagt. Aber das hat sie ja schon Mama und Papa versprochen. Sie holt tief Luft: „Du kriegst meinen Glücksklee!“
Kims Augenbrauen schießen in die Höhe. „Ist das dein Ernst?“, fragt sie.
Laura nickt. Sie streckt Kim die rechte Hand entgegen. „Ich schwör's!“
Kim zögert. „Wenn meine Eltern es nicht erlauben, ist das aber nicht meine Schuld!“
„Schon klar, dann hab ich verloren und mein Leben ist vorbei“, seufzt Laura. „Dann ist das eben Schicksal.“
„Gut, ich versuch's.“ Kim nimmt Lauras Hand und schüttelt sie feierlich. „Aber ich kann nichts versprechen, klar?“
„Ja, ich weiß.“ Laura seufzt noch einmal. Es hat zur Stunde geklingelt. „Trotzdem danke.“

Kim legt einen Arm um sie. „Ich und Ballett“, kichert sie. „Da fallen ja die Hühner von der Stange!“

Am nächsten Morgen fährt Laura extra fünf Minuten früher zur Schule, um Kim abzufangen. „Was ist?“, ruft sie der Freundin schon von weitem zu. „Hast du gefragt?“
Kim grinst. Ihre Wangen sind vom Fahrtwind gerötet. Mit einer lässigen Handbewegung nimmt sie den Fahrradhelm ab. „Her mit dem Klee!“, ruft sie. „Ich darf! Meine Eltern haben mich sogar schon angemeldet.“
Laura fällt ihr um den Hals. „Hurra!“, jubelt sie. Die Mädchen vollführen einen Freudentanz um Kims Rad.

„Weißt du, was mein Vater gesagt hat?“, fragt Kim, als sie ihr Rad in den Ständer schiebt.
Laura schüttelt den Kopf.
„Ballettunterricht wäre genau das Richtige für mich“, prustet Kim. „Vielleicht würde ich dadurch lernen, mich nicht mehr wie ein Junge zu benehmen, sondern wie ein ganz normales Mädchen! Ich, ein ganz normales Mädchen – stell dir das mal vor!“
„Ist doch egal“, findet Laura. „Ist doch nur für vier Wochen.“
„Stimmt“, sagt Kim. „Zum Glück!“
„Dann bringe ich dir heute Nachmittag den Klee, okay?“ Laura schluckt. Wenn sie an ihren kleinen Glückskleetopf denkt, wird sie ein bisschen traurig. Aber abgemacht ist abgemacht. Und vielleicht findet sie eines Tages ja einen neuen Glücksklee.

„Gebongt“, sagt Kim fröhlich. Sie gibt Laura einen kleinen Knuff in die Seite. „Weißt du was? Irgendwie freu ich mich jetzt sogar ein bisschen aufs Ballett. Ist doch mal was anderes. Und zum Judo darf ich trotzdem noch."

„Klasse!", strahlt Laura.

Doch dann wird ihre Freude doch noch getrübt: Herr Westermann ist wieder gesund.

„Hefte raus!", sagt der Mathelehrer zur Begrüßung. „Wir haben eine Arbeit nachzuschreiben!"

Wieso wir?, denkt Laura. Er schreibt doch gar nicht mit! Und selbst wenn: Er kennt wenigstens schon die Lösungen!

Murrend schlägt sie ihr Heft auf und fängt an zu rechnen.

Nur noch vier Tage, denkt sie, dann geh ich zum Ballett!

Es geht los

Endlich ist Montag! Laura ist schrecklich nervös. Immer wieder kontrolliert sie den Inhalt ihrer kleinen Sporttasche. Ob sie auch nichts vergessen hat?

„Hast du an die Haarspangen gedacht? Wir müssen unsere Haare hochstecken!", sagt Laura zum hundertsten Mal.

„Vergiss es! Ein Pferdeschwanz muss reichen." Kim grinst. „Und bevor du noch mal fragst: Nein, ich hab nichts vergessen! Ich hab meinen Gymnastikanzug, die Gymnastikschuhe und sogar eine

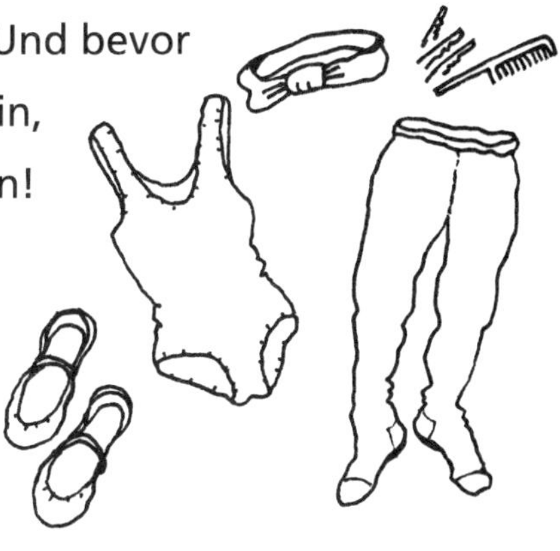

funkelnagelneue Strumpfhose eingepackt. Zur Feier des Tages in Rosa – obwohl ich rosa nicht ausstehen kann!"
„Ist doch hübsch", findet Laura. „Ich hab eine weiße. Auch ganz neu, extra für meine erste Ballettstunde."
„Für unsere erste Ballettstunde", wird sie von Kim verbessert.
Laura nickt hektisch. „Oh, Mann, bin ich aufgeregt! Wie das wohl wird? Hoffentlich blamieren wir uns nicht!"
„Du bestimmt nicht", meint Kim. „Du bist doch die geborene Ballerina."
Ob das stimmt? Laura hat so ihre Zweifel. Sie fühlt sich, als hätte sie zwei linke Füße. Ausgerechnet heute, wo alles perfekt sein soll!
Sie überqueren die Straße, an deren Ende die Ballettschule liegt, als Laura plötzlich stehen bleibt.
„Ich glaub, ich trau mich nicht", jammert sie.

„Komm, lass uns umdrehen. Ich geh da nicht hin! Ich bin viel zu nervös."
„Was?" Kim runzelt die Stirn. „Das ist doch nicht dein Ernst, oder?" Sie schnaubt: „Sag mal, geht's noch? Für wen mach ich das ganze Theater wohl mit? Ballett, rosa Strumpfhosen, Pferdeschwanz ...", zählt sie auf. „Das mach ich alles nur für dich! Nur, damit du so 'ne doofe Primaballerina werden kannst!" Sie nimmt Lauras Hand und zieht sie energisch mit sich. „Das kommt ja gar nicht in die Tüte, dass du jetzt kneifst!"
„Aber, aber, ich –", will Laura sich verteidigen. Kim lässt sie nicht zu Wort kommen.
„Heute ist Ballett, ob du willst oder nicht!", schimpft sie, während sie Laura hinter sich herzieht.
„Aber ich will ja!", jault Laura. „Und jetzt lass mich los, du tust mir weh!"
Kim lässt so abrupt los, dass Laura über den Bordstein stolpert und hinfällt.

„Hast du dir weh getan?“, fragt Kim erschrocken. Laura antwortet nicht. Es hört sich an, als ob sie weint.
Aber da sieht Kim, dass Laura nicht weint, sondern lacht. Und zwar so doll, dass ihr Tränen über die Wangen kullern.
„Mann!“, stößt sie kichernd hervor. „Wie zwei Tänzerinnen benehmen wir uns nicht gerade, was?“
„Nee, bestimmt nicht.“ Kim hilft ihr hoch. „Hoffentlich hat uns keiner gesehen. Und jetzt komm endlich. In zehn Minuten fängt unser Schnupperkurs an.“
„Ach ja, der ‚Schnüpperkürs‘“, kichert Laura. Sie wischt sich eine Träne aus dem Augenwinkel. „Schnüpper, schnüpper.“ Sie hebt die Nase und schnuppert wie ein Kaninchen.
Kim verdreht die Augen. „Hilfe, bist du albern! Hoffentlich gibt sich das wieder!“
Aber dann lacht sie auch und schnuppert für den Rest des Weges mit.

Als sie vor der Ballettschule „La Danse“ stehen, werden sie allerdings schlagartig ernst. Lauras Hand zittert ein bisschen, als sie die Tür aufmacht.
Kim sieht sich ehrfürchtig um.
„Wow!“, macht sie leise, als sie die Fotos an den Wänden sieht.
„Bonjour!“, ruft Madame Moulin. „Und herzlich willkommen beim Ballett!“ Sie kommt mit ausgestreckten Armen auf die Mädchen zu und lächelt herzlich. „Ich freue mich, dass ihr hier seid. Kommt, ich zeige euch den Umkleideraum. Die anderen Mädchen sind schon da.“
Im Umkleideraum werden Laura und Kim neugierig gemustert. Laura erkennt das unfreundliche Mädchen mit den blonden Haaren vom Anmeldetag wieder. Es runzelt die Stirn, als es Laura sieht, sagt aber nichts.
„Sucht euch einen freien Platz und zieht euch um“, sagt Madame Moulin. „Wir sehen uns in fünf Minuten im Ballettsaal.“

Als Madame Moulin den Raum verlassen hat, zischt das blonde Mädchen: „Was wollt ihr Babys denn hier? Hier ist eine Ballettschule und keine Krabbelgruppe!"

„Lass sie gefälligst in Ruhe, Nathalie", brummt ein schwarzhaariges Mädchen. „Wir haben auch mal klein angefangen."

„Pah!", macht Nathalie. „Du vielleicht. Ich tanze seit meinem fünften Lebensjahr. Tanzen liegt mir im Blut!" Wie zum Beweis dreht sie genau vor Lauras Nase eine kleine Pirouette und streckt dabei die Zunge raus.

„Was ist das denn für eine?", fragt Kim. „Will die Stress?

Kann sie haben!“ Sie stellt sich breitbeinig in Verteidigungsposition und hebt beide Hände wie beim Judo.
Es sieht ziemlich bedrohlich aus, findet Laura. Sie zieht die Freundin schnell zurück.
„Lass dich nicht ärgern“, raunt sie Kim zu. „Das will die doch nur! Komm, wir ziehen uns um.“
Kim lässt die Arme sinken und schüttelt sich. Nathalie wendet sich naserümpfend um.
„Babys“, sagt sie noch einmal und stopft ihr Trikot und die Tanzschläppchen in einen rosafarbenen Rucksack.
Laura atmet erleichtert auf. Anscheinend ist Nathalies Unterricht vorbei, denn sie schnappt sich ein Handtuch und Shampoo und verschwindet mit grazilen Schritten unter der Dusche.
„Wenigstens ist sie nicht in unserem Kurs“, flüstert sie Kim zu, die sich gerade bemüht, einigermaßen elegant in ihre neue rosa Strumpfhose zu schlüpfen.

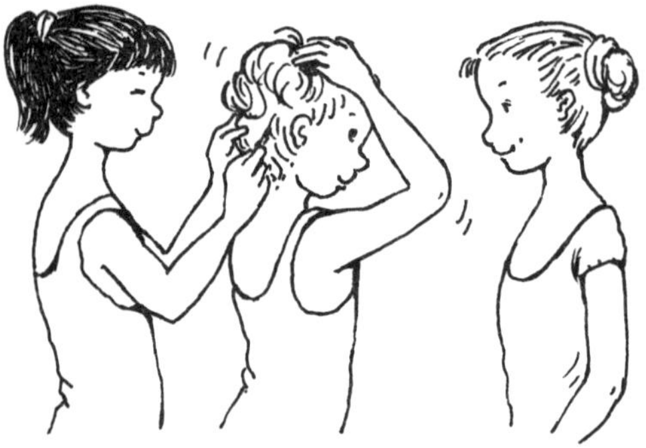

„Die hat in unserem Schnüpperkürs wohl auch nichts verloren“, seufzt Kim. „Wenn sie wirklich schon so lange tanzt, wie sie sagt.“

Als sie fertig umgezogen sind, hilft Kim Laura beim Hochstecken der Haare. Das ist gar nicht so einfach und außerdem ziept es. Aber Laura will ja unbedingt einen echten Ballerinaknoten tragen.

„Muss das echt sein?“, fragt Kim. Sie hat ihre glatten schwarzen Haare zu einem Pferdeschwanz zusammengebunden und nur eine besonders widerspenstige Strähne mit einer Spange gesichert.

„Ja, unbedingt“, sagt das andere Mädchen. „Wenn die Haare ins Gesicht fallen, stören sie beim Tanzen. Außerdem müssen Hals und

Nacken frei sein, damit Madame Moulin die Körperspannung besser kontrollieren kann."
Das hat Laura nicht gewusst. Sie dachte, der Ballerinaknoten soll einfach nur hübsch aussehen.
„Danke", sagt sie zu dem Mädchen. „Du tanzt wohl schon ziemlich lange, was?"
„Nein, noch gar nicht lange. Ich bin im Anfängerkurs." Das Mädchen lächelt freundlich. „Ich heiße übrigens Sarah." Sie macht mit dem Kinn eine Bewegung in Richtung Duschraum. „Lasst euch von Nathi nicht beeindrucken. Die tut immer so, als würde ‚La Danse' ihr gehören, dabei ist sie auch noch bei den Anfängern." Sarah nimmt ihren Rucksack. „Viel Spaß beim Schnupperkurs! Ihr werdet sehen: Ballett ist echt klasse!"
„Die war aber nett", sagt Laura zu Kim, als Sarah weg ist.
„Und überhaupt kein bisschen eingebildet",

staunt Kim. „Hm, merkwürdig. Wo sie doch eine von diesen Ballerinas ist."

„Es heißt Ballerinen, nicht Ballerinas." Laura grinst. „Und jetzt komm endlich! Sonst kommen wir noch zu spät!"

Lauras erste Ballettstunde

Als Laura mit den anderen Mädchen den Ballettsaal betritt, traut sie sich kaum zu atmen.
Es ist genau so, wie sie es sich immer vorgestellt hat, nur viel, viel schöner!
Die Wände des quadratischen Raums sind mit hohen Spiegeln bedeckt. Sie reichen vom glänzenden Holzfußboden bis hinauf an die weißgestrichene Decke. Rundherum laufen die Barren: lange Holzstangen, von denen eine in Schulterhöhe angebracht ist, die andere etwas tiefer.
In einer Ecke steht ein Klavier. Daneben, auf einem Regal, befindet sich ein CD-Player mit mehreren CD-Stapeln. In großen geflochtenen Körben werden bunte Tücher, Flatterbänder und Gymnastikbälle aufbewahrt.

Als Laura wieder zu atmen wagt, bemerkt sie einen feinen Geruch nach Holz, Wachs und Schweiß. Es riecht ein bisschen wie in Papas Tischlerwerkstatt.

„Ist das nicht toll?", flüstert sie Kim zu.

Kim nickt beiläufig. Sie ist damit beschäftigt, sich im Spiegel zu bewundern und ihre Strumpfhose zurechtzuzupfen.

„Allez, mes enfants!" Annick Moulin hat den Ballettsaal betreten und klatscht in die Hände. „Setzt euch bitte in einem großen Kreis um mich herum!" Die Kinder setzen sich auf den Boden. Zwei

kleine Mädchen stecken die Köpfe zusammen und tuscheln.
Laura sieht sich um. Sie und Kim scheinen die Ältesten zu sein. Die anderen Mädchen sind bestimmt ein oder zwei Jahre jünger als sie. Kein Wunder, dass Nathalie sie für Babys hält!
„Ihr seid hier, um tanzen zu lernen“, sagt Madame Moulin. „Aber bevor ihr anfangt zu tanzen, müsst ihr euren Körper darauf vorbereiten. Ihr müsst euch dehnen und strecken und recken, damit eure Muskeln und Bänder warm werden und ihr euch nicht verletzt. Das nennt man ‚Weichmachen‘. Wir machen es zu Beginn jeder Stunde.“
Madame Moulin hilft ihnen dabei, sich mit geradem Rücken richtig hinzusetzen und dabei Beine und Fußspitzen nach vorn auszustrecken.
Dann müssen sie die Füße abwechselnd anziehen und wieder strecken. Laura spürt schon bald ein leichtes Ziehen.

„Und jetzt hebt den Kopf und haltet an der Decke nach einer kleinen Spinne Ausschau“, sagt Madame Moulin. „Aber achtet darauf, dass der Rücken dabei ganz gerade bleibt!“
Als alle Mädchen an die Decke schauen, sagt sie: „Nun lässt die Spinne sich an ihrem Faden herab, ganz langsam. Folgt ihrem Weg bis hinunter zum Fußboden! So lange, bis euer Kinn die Brust berührt!“
Ein Mädchen kichert verstohlen. Auch Laura kann sich ein Grinsen kaum verkneifen. Was hat eine Spinne mit Ballett zu tun? Aber dann merkt sie, wie ihr Nacken lockerer wird.

Nach der Spinne machen sie Dehnübungen für die Oberschenkel und den Rücken.
Kim stöhnt leise: „Das ist ja anstrengender als Judo!"
Laura achtet nicht auf sie. Sie findet es herrlich, in jeder Übung ihren Körper zu spüren.
Aufmerksam folgt sie den Anweisungen der Lehrerin. Endlich dürfen sie aufstehen und sich ausschütteln.
„Stellt euch vor, ihr seid Bäume nach einem Frühlingsregen", sagt Annick. „Schüttelt eure nassen Blätter, so kräftig ihr könnt!"
Laura und Kim gucken sich an. Und dann schütteln sie ihre Arme und Beine so doll, bis sie nicht mehr können.
„Sehr schön", lobt Madame Moulin. „Und jetzt –", sie macht ein geheimnisvolles Gesicht, „dürft ihr an die Stange!"
Sie geht voraus und legt eine

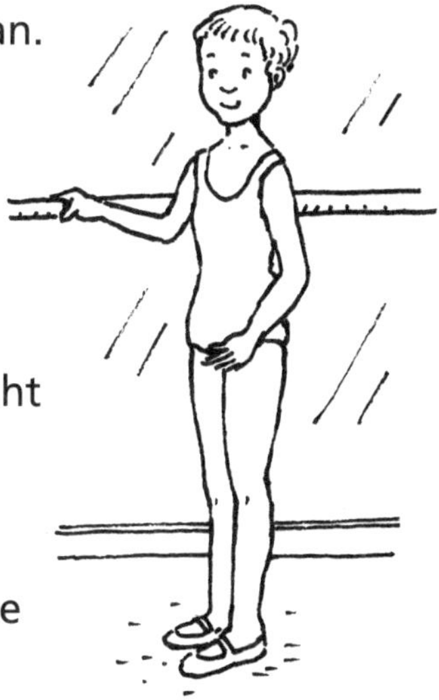

Hand auf die obere Barre. „Verteilt euch ein bisschen, es ist Platz genug!"
Mit klopfendem Herzen umfasst Laura die Holzstange. Sie fühlt sich glatt und warm an. Annick geht von einem Mädchen zum anderen und gibt kleine Hilfen. „Stellt euch seitwärts zur Stange", sagt sie. „Die Füße sind in der sechsten Position, der Parallelposition."
Laura nickt konzentriert. Sie weiß aus ihrem Ballettbuch, dass es im klassischen Ballett fünf Grundpositionen für die Füße gibt. Die sechste ist erst später hinzugekommen: Beide Füße stehen eng nebeneinander, die Zehenspitzen zeigen nach vorn, die Knie sind geschlossen.
Die Ballettlehrerin stellt sich neben sie. „Très bien, Laura! Die obere Hand soll ganz locker auf der Barre liegen, die

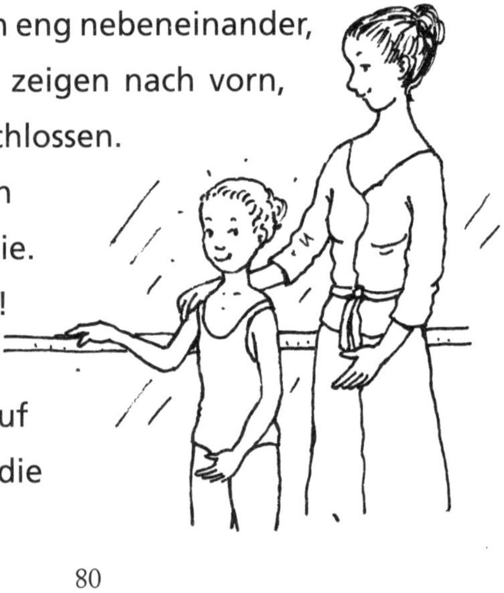

freie Hand wird eingestützt. Und immer schön den Rücken aufrecht, das Kinn nach oben."
Laura stellt sich noch ein bisschen gerader hin und reckt das Kinn. Madame Moulin geht zum CD-Spieler und drückt auf einen Knopf. Als kurz darauf fröhliche Klaviermusik erklingt, klatscht sie im Takt und ruft: „Eins und zwei, Knie beugen. Drei und vier, Knie strecken. Fünf und sechs, Knie beugen. Sieben und acht, Knie strecken."
Laura achtet nur auf die Musik und den Takt. Mit geradem Rücken beugt und streckt sie die Knie. Das ist gar nicht so einfach. Immer wieder kommt ein Mädchen aus dem Rhythmus und muss von vorn anfangen. Laura hört Kim leise fluchen.
„Attention!", ruft Madame Moulin. „Eins und zwei, Arm zur Seite. Drei und vier, zur Stange beugen. Fünf und sechs, aufrichten und Arm nach oben. Sieben und acht, Arm nach unten und wieder einstützen!"

Laura findet schnell den richtigen Takt. Das sind ja nichts anderes als einfache Rumpfbeugen, denkt sie. Genau wie im Sportunterricht, gar nicht schwer.
Während Madame Moulin die Reihe entlanggeht und im Takt die Kommandos gibt, achtet sie darauf, dass keins der Mädchen ein Hohlkreuz macht oder die Schultern hochzieht. Obwohl sie die Übungen ganz langsam machen, kommen alle schon bald ins Schwitzen. Endlich klatscht Annick Moulin in die Hände. „Merci!", ruft sie. „Danke schön, das war sehr schön für das erste Mal! Schüttelt euch ein wenig aus!" Sie legt eine andere CD ein und zeigt auf einen Korb in der Ecke. „Jede von euch nimmt sich bitte ein Tuch. Zum Abschluss wollen wir noch ein bisschen improvisieren."
Laura wählt ein hellblaues Seidentuch aus. Kim nimmt ein grünes.
Aus dem CD-Spieler erklingt Harfenmusik, im

Hintergrund hört man Meeresrauschen und Wind.
„Stellt euch vor", sagt Annick, „ihr seid am Meer. Ihr geht spazieren, der Wind bläst aus verschiedenen Richtungen. Mal bläst er im Rücken und ihr lauft vorwärts, dann kommt er von vorn und ihr lauft rückwärts. Mal kommt er aber auch von der Seite, dann lauft ihr seitwärts, mal nach rechts, mal nach links. Vielleicht ist der Wind auch so stark, dass er euch umpustet? Vielleicht reißt er euch das Tuch aus der Hand und ihr müsst es wieder einfangen? Denkt euch etwas aus. Macht das, was euch einfällt. Das nennt man improvisieren."
Sie stellt die Musik etwas lauter. Das Rauschen des Meeres und des Windes wird stärker.
Laura kann den Wind fast spüren. Sie schließt die Augen und stellt sich vor, wie sie hin und her gepustet wird. Das Tuch flattert in ihrer Hand. Ausgelassen lässt sie sich durch den Ballettsaal treiben, mal vorwärts, mal seitwärts.

Einmal ist der Wind so stark, dass er sie fast umwirft. Sie dreht sich im Kreis und lacht.

Dann wirft sie das Tuch hoch und fängt es im Sprung wieder auf. Ihre Augen strahlen. Das macht Spaß!

Madame Moulin verfolgt Lauras Bewegungen aufmerksam.

Als ihr ein Sprung besonders gut gelingt, ruft die Tanzlehrerin: „Das war perfekt, Laura-Marie! Genau so soll es sein!“

Laura wird ein bisschen rot. Sie freut sich über das Lob.

Kim hüpft an ihr vorbei und wedelt dabei fröhlich mit ihrem Tuch. „Hab ich's nicht gleich gesagt?“, ruft sie. „Du bist die geborene Ballerina!“

Ballett ist klasse!

Zum Abschluss der Stunde versammelt Madame Moulin die Mädchen noch einmal um sich. In einem großen Kreis sitzen sie auf dem Fußboden. Ihre Gesichter sind vom Tanzen gerötet. Hier und da hat sich ein Ballerinaknoten oder eine Haarspange gelöst.
„Ich hoffe, eure erste Tanzstunde hat euch Spaß gemacht", sagt die Ballettlehrerin.
„Und wie!", ruft ein blondes Mädchen.
Laura kann nur nicken. Sie ist noch ganz aus der Puste.
Ein anderes Mädchen meldet sich: „Tanzen wir nächstes Mal auch auf Spitze?"
Annick Moulin schüttelt den Kopf. „Aber nein!", sagt sie. „So weit sind wir noch lange nicht. Mit acht bis neun Jahren seid ihr genau im richtigen Alter, um mit dem Ballett anzu-

fangen. Aber wir fangen langsam an, Schritt für Schritt. Zuerst werden wir noch viel improvisieren, genau wie heute. Danach lernt ihr dann die Grundpositionen."
„Und dann tanzen wir auf Spitze!", ruft das Mädchen.
„Nein, die Spitzentanzausbildung beginnt frühestens mit zwölf Jahren", erwidert Madame ruhig. „Vorher sind eure Knochen und Gelenke der Belastung noch gar nicht gewachsen. Spitzentanz ist nämlich sehr, sehr anstrengend und anspruchsvoll. Nicht alle Mädchen kommen so weit."
Laura spürt ein Kribbeln im Bauch, als sie sich vorstellt, eines Tages in Spitzenschuhen zu tanzen. Das muss einfach toll sein! Dass man dafür unheimlich viel lernen und üben muss, ist doch klar. Auch wenn man sich nichts sehnlicher wünscht, als gleich wie eine echte Primaballerina zu tanzen!
Zum Abschied geben die Mädchen Madame

Moulin nacheinander die Hand und machen einen kleinen Knicks. Das ist beim Ballett so üblich, hat Madame gesagt. Damit bedanken sich die Schülerinnen für den Unterricht.

Laura hält nicht viel vom Knicksen. Sie kann sich auch gar nicht daran erinnern, wann sie das letzte Mal einen Knicks gemacht hat. Aber jetzt kommt es ihr kein bisschen komisch vor, der Tanzlehrerin die Hand zu geben und dabei zu knicksen. Sie findet, dass es richtig gut zum Ballett passt.

Laura und Kim verschwinden im Umkleideraum und schlüpfen aus den verschwitzten Sachen. Dann springen sie unter die Dusche und ziehen sich an. Den Ballerinaknoten behält Laura im Haar. Sie hat keine Lust mehr auf Ziepen.
„Das machst du doch nur, damit gleich jeder sieht, dass du vom Ballett kommst“, kichert Kim.
Laura streckt ihr die Zunge raus. „Stimmt genau!“, gibt sie zu.
Als sie aus der Tanzschule hinaus in den hellen Sonnenschein treten, steht Lauras Mama vor der Tür. Kims Mutter steht neben ihr und nimmt ihre Tochter in Empfang.
„Was machst du denn hier?“, wundert sich Kim.
„Dich abholen!“, sagt ihre Mutter lachend. Sie bewundert Kim und Laura von allen Seiten.
„Wie hübsch ihr ausseht mit dem Knoten und dem Pferdeschwanz!“, meint sie. „Wie richtige kleine Tänzerinnen!“

„Wir sind ja auch richtige Tänzerinnen", betont Kim. „Allerdings keine kleinen!"
„Wie war denn eure erste Ballettstunde?", fragt Lauras Mutter. „Hat es euch gefallen?"
Laura und Kim grinsen sich an.
„Es war total anstrengend", gibt Kim zu. „Aber Spaß hat's trotzdem gemacht!"
„Ja, stimmt!" Laura nickt begeistert. „Ballett ist echt klasse! Aber das hab ich ja schon vorher gewusst!"
Auf einem kleinen Rasenstück führt sie mit Kim ein paar Sprünge und Drehungen vor. Die Mütter klatschen Beifall.
Zum Abschluss des schönen Nachmittags gehen sie gemeinsam ein Eis essen.
Über die Schulter wirft Laura einen Blick zurück auf ihre neue Ballettschule.
„Tschüs, ‚La Danse'", flüstert sie. „Ich freu mich schon auf nächstes Mal!"
„Komisch, ich auch", kichert Kim. Sie hat gehört, was Laura gesagt hat. „Und weißt du was?"

Laura schüttelt den Kopf. „Nee, was denn?"
„Den Glücksklee kriegst du wieder!", sagt Kim. „Ballett ist gar nicht so bescheuert, wie ich dachte. Ab jetzt komm ich freiwillig mit."
Laura weiß gar nicht, was sie sagen soll. Sie gibt Kim einen kleinen Knuff. „Danke", freut sie sich. „Das ist echt lieb! Aber eigentlich kann der Glücksklee doch auch uns beiden gehören, oder? Immerhin hast du länger gesucht", fügt sie grinsend hinzu.

Kim nickt. Das stimmt allerdings!
„Wir können uns ja abwechseln", schlägt Laura vor. „Von Montag bis Donnerstag hab ich ihn und von Freitag bis Sonntag du. Dann kann er uns beiden Glück bringen. Und wenn's mal ganz wichtig ist, in der Schule oder so, dann nehmen wir den Topf einfach mit und stellen ihn zwischen uns."
„Ja, klasse Idee!", ruft Kim begeistert. „Ab sofort teilen wir das Glück!"

„Und das Ballett!“, lacht Laura und dreht eine übermütige Pirouette. „Wer hätte das gedacht?“

Als Laura abends im Bett liegt, ist sie glücklich und müde zugleich. Ihre Arme und Beine fühlen sich schwer an und außerdem spürt sie überall ein leichtes Ziehen.
„Hoffentlich krieg ich keinen Muskelkater“, flüstert Laura Schweini zu, der sie verschlafen anblinzelt. „Aber das gehört eben dazu, wenn man Ballerina werden will!“
Außerdem ist der Muskelkater bis zur nächsten Ballettstunde bestimmt wieder weg, denkt sie dann. Sie kuschelt sich ein bisschen tiefer in ihre Kissen und gähnt. Was für ein toller Tag!
Ihr ist, als würde sie noch die Musik hören, zu der sie getanzt hat, das Meeresrauschen und den Wind. Es hat Spaß gemacht, durch den Ballettsaal zu tanzen. Ein bisschen hat sie sich

dabei schon wie eine echte Ballerina gefühlt, ganz leicht und schwerelos. Und Madame Moulin hat sie sogar gelobt!
„Ich kann's kaum abwarten bis zum nächsten Mal“, sagt sie zu Schweini.
Aber der will sich jetzt in sein Häuschen zurückziehen und schlafen. Auch das kleine Kleeblatt hat sich aufgerollt.

„Gute Nacht“, murmelt Laura, „und träumt was Schönes.“
Vom Ballett, will sie noch sagen, da fallen ihr schon die Augen zu.
In dieser Nacht träumt Laura ihren Lieblingstraum vom Tanzen und davon, eines Tages eine berühmte Ballerina zu sein.

Lauras kleines Ballettlexikon

Ballerina, vom italienischen Wort ballare (tanzen): bezeichnet eine Tänzerin in einer Ballettgruppe, die Solistin (Vortänzerin) ist.

Ballett, vom italienischen Wort balletto (ballo = Tanz): auch klassischer Tanz genannt, bezeichnet eine Tanzvorstellung auf einer Bühne zu Musikbegleitung – oft, um eine Geschichte zu erzählen.

Ballettsaal: großer Raum, in dem der Ballettunterricht stattfindet.

Barre (sprich: Barr): eine Holzstange an der Wand des Ballettsaals, an der sich die Tänzerinnen und Tänzer bei ihren Übungen (Exercice) festhalten.

Haltung: die Art der Tänzer, zu stehen und sich zu bewegen.

Improvisieren (auch freier Tanz): eigene Figuren, Szenen oder Geschichten erfinden und tanzen.

Pirouette: eine oder mehrere Drehungen auf der Stelle.

Position: Stellung.

Primaballerina: die erste Ballerina und Vortänzerin einer Ballettgruppe. Dies ist der höchste Rang einer Tänzerin.

Schläppchen: weiche Tanzschuhe aus Leder, Leinen oder Satin, ähnlich wie Gymnastikschuhe (aber mit einer Ledersohle).

Spitzenschuhe: Ballettschuhe mit verstärkten Spitzen und Bändern. Nur fortgeschrittene Tänzerinnen, deren Füße nach langem Training stark genug sind, tanzen in ihnen.

Trikot: einteiliger, enganliegender Gymnastikanzug.

Tutu (sprich: Tü-tü): ein aus mehreren gerafften Lagen Tüll bestehender kurzer Ballettrock (klassisches Tutu), auch der wadenlange Tanzrock der Ballerina (romantisches Tutu).

Die Fußpositionen

Alle Bewegungen der Füße und Beine beginnen und enden in einer dieser Positionen. Sie sind – neben den Armpositionen – sozusagen das Abc des Balletts und werden so lange geübt, bis sie ganz leicht und natürlich wirken.
Im klassischen Ballett gibt es fünf Fuß- und fünf Armpositionen.

Erste Position: Die Fersen berühren sich, die Zehenspitzen zeigen nach außen. Die Beine drehen sich nach außen, bis die Füße einen Winkel von ca. 180° oder eine gerade Linie bilden.

Zweite Position: Die zweite Position wird genauso wie die erste gebildet, mit dem Unterschied, dass die Fersen in einer geraden Linie etwa hüftbreit voneinander entfernt stehen.

Dritte Position: In der dritten Position wird der vordere Fuß parallel vor den anderen gestellt, die eine Ferse ungefähr vor die Mitte des anderen Fußes, wo die Einbuchtung des Fußgewölbes ist.

Vierte Position: Ein Fuß steht auswärtsgedreht parallel vor dem anderen, ebenfalls auswärtsgedrehten. Der Abstand zwischen den beiden Füßen ist etwa eine Fußlänge. Bei dieser Position verteilt sich das Gewicht gleichmäßig auf beide Füße.

Fünfte Position: Wie die vierte Position, jedoch ohne Abstand zwischen den Füßen: Die Ferse des einen (vorderen) Fußes berührt die Zehen des anderen. Die Fußspitzen ragen nicht über die Fersen des anderen Fußes hinaus.

Laura und ihr erster Auftritt

Endlich neun

„Zum Geburtstag viel Glück, zum Geburtstag viel Glück, zum Geburtstag, liebe Laura …"
Laura blinzelt über den Rand ihrer Bettdecke und tut so, als wäre sie gerade erst aufgewacht. Dabei hat sie schon seit mindestens einer Stunde wachgelegen, auf die Geräusche im Haus gelauscht und darauf gewartet, dass es endlich losgeht.
„… zum Geburtstag viiiel Glüüück!"
Sie prustet laut los. Mama, Papa und Benni stehen nebeneinander vor ihrem Bett und machen feierliche Gesichter, während sie ihr ein Geburtstagsständchen halten. Mama singt wie immer am schönsten, Papa am lautesten und Benni singt total falsch. Aber das stört Laura kein bisschen.
Mit einem Satz ist sie aus dem Bett und hüpft

aufgeregt auf und ab. Mama und Papa nehmen sie nacheinander in die Arme und küssen sie rechts und links auf beide Wangen.
„Herzlichen Glückwunsch zum Geburtstag, Laura“, sagt Mama und drückt sie ganz fest.
„Alles Liebe, Prinzessin“, sagt Papa und gibt ihr noch ein Küsschen auf die Nasenspitze.
Benni tätschelt Laura die Schulter und brummt: „Glückwunsch, Zwerg!“ Er balanciert den Geburtstagskuchen auf einem Teller. Der Kuchen hat ziemliche Schräglage und rutscht fast vom Teller.

„Pusten!“, sagt Benni und hält Laura den Schokokuchen unter die Nase. „Alle auf einmal!“
Lauras Herz klopft ein bisschen schneller, als sie neun kleine Kerzen zählt.
Endlich neun, denkt sie und schließt die Augen.
Dann holt sie ganz tief Luft, bläst die Wangen auf und pustet mit einem einzigen Atemzug alle Kerzen auf einmal aus.
„Klasse, Zwerg!“, ruft Benni. „Jetzt darfst du dir was wünschen.“
Zuerst wünsch ich mir mal, dass du Doofbruder nicht andauernd Zwerg zu mir sagst, denkt Laura und grinst.
Aber dafür ist ihr der Geburtstagswunsch dann doch viel zu kostbar. Das muss sie Benni schon anders verklickern, dass er nicht immer Zwerg zu ihr sagen soll – nur weil sie ein paar Zentimeter zu klein für ihr Alter ist.
„Ich hab mir schon was gewünscht, als ich gepustet hab“, sagt sie. „Aber was, das verrate

ich nicht. Dann geht der Wunsch nämlich nicht in Erfüllung."
„Dann zieh dir schnell was über und komm mit nach unten", schlägt Mama vor. „Dein Geburtstagstisch wartet schon auf dich."
Das lässt sich Laura nicht zweimal sagen. Sie schlüpft aus dem Bett und zieht ihre Tigerhausschuhe an.
„Fertig!", ruft sie und läuft vor den anderen die Treppe hinunter.

Zum Glück ist heute Sonntag. Keiner muss in die Schule oder zur Arbeit. Sonntag ist der beste Tag, um Geburtstag zu haben, findet Laura und stürmt ins Wohnzimmer.
Auf dem kleinen Tisch am Fenster liegen bunte Päckchen und Pakete. Ein großer Herbststrauß aus dem Garten steht in der Mitte.
Laura weiß gar nicht, wo sie anfangen soll. Jedes einzelne Geschenk sieht so verlockend aus. Schließlich entscheidet sie sich für das größte.

Es fühlt sich weich an.
Unter Mamas und
Papas Blicken reißt
sie das bunte Papier
auf.

„Ein Balletttrikot!“
Vorsichtig befühlt
Laura den glatten,
rosafarbenen Stoff
und bewundert
das angenähte
Röckchen aus zartem Chiffon. Es sieht wunderschön aus!
„Ich hab es in deiner Ballettschule gekauft“, sagt Mama. „Madame Moulin hat gemeint, es wäre genau das richtige Trikot für die Anfängerklasse.“
Aufgeregt wickelt Laura die nächsten Geschenke aus. Zwei Ballettstrumpfhosen kommen zum Vorschein, eine in Weiß, die andere in Rosa, und dazu passende Schläppchen.

„Ballettschläppchen!" Laura drückt die weichen Schuhe an sich und strahlt. „Danke, danke, vielen Dank!"

„Bitte schön", erwidert Papa schmunzelnd. „Du hast dich schließlich oft genug beschwert, dass du nicht länger in deinen alten Gymnastikschuhen tanzen magst."

„Hast du dir eigentlich auch was gewünscht, das nichts mit Ballett zu tun hat?", mischt Benni sich ein. Er macht ein paar Fotos mit seinem Handy und verdreht die Augen. „Oder ist es ein Naturgesetz, dass alle kleinen Mädchen rosa Ballettsachen zum neunten Geburtstag kriegen?"

Laura wirft ihrem Bruder einen verächtlichen Blick zu. Der hat doch keine Ahnung. Und dass sie sich wirklich nur Ballettsachen gewünscht hat, geht ihn auch nichts an.

Sie beeilt sich, die letzten Geschenke auszupacken: ein Katzenposter von Benni, ein Ballettbuch, eine CD mit klassischer Musik und –

„Aber das sind ja –“ Laura stockt der Atem. Vor ihr liegen, hellrosa und glänzend neu, Spitzenschuhe. Und zwar solche, wie nur richtige Ballerinen sie tragen: mit schmaler Ledersohle, langen Satinbändern und harter Spitze.

„– echte Spitzenschuhe!“, vollendet sie ihren Satz. „Ich fass es nicht!“

„Das ist das Geschenk von Oma und Opa“, erklärt Mama. „Es müsste auch eine Karte dabei sein. Guck doch mal nach!“

Mit gerunzelter Stirn durchwühlt Laura das zerknüllte Geschenkpapier und fördert eine fröhlich bunte Glückwunschkarte zu Tage.

Sie liest laut vor:

Liebe Laura!

Wir gratulieren Dir ganz herzlich zum neunten Geburtstag und wünschen Dir recht viel Glück! Hoffentlich gefallen Dir die Ballettschuhe.

Mama hat uns Deine Schuhgröße verraten und auch, was Du Dir am meisten wünschst.
Viele liebe Grüße
Oma und Opa
PS: Falls die Ballettschuhe nicht passen, kann ich sie umtauschen. Ich habe den Kassenzettel aufgehoben. Küsschen Oma

„Oh, nein!“, stöhnt Benni. „Noch mehr Ballettkram. Ist ja ätzend.“

„Probier sie doch gleich mal an, Laura!“, würgt Papa ihn mit einem kurzen Seitenblick ab.

Laura hält die Schuhe in beiden Händen.
Sie fühlen sich richtig gut an.

„Soll ich wirklich?“, fragt sie. „Aber ich kann doch noch gar nicht auf Spitze tanzen!“

„Du sollst ja nur mal probieren, ob sie passen“, meint Mama. „Damit Oma Bescheid weiß.“

Laura nickt und setzt sich auf den dicken Teppich. Mit klopfendem Herzen wickelt sie die langen Satinbänder von den Schuhen und lässt sie durch die Finger gleiten.

Laura ist überrascht – was ist das? Sind die Schuhe kaputt? Die Bänder sind lose!
„Aber nein", lacht Mama. „Spitzenschuhe haben beim Kauf keine Bänder. Die muss man extra kaufen und selbst annähen. Später schneidet man die Bänder ab und verwendet sie für die nächsten Schuhe wieder."
Mit ein paar Stichen näht Mama die Bänder rasch an.
Dann schlüpft Laura aus ihren Hausschuhen und schiebt vorsichtig ihre Füße in die schmalen Tanzschuhe. Sie fühlen sich eng an, ungewohnt und gar nicht wie richtige Schuhe. Trotzdem ist es ein tolles Gefühl.
Aus ihren Ballettbüchern weiß Laura, wie man die langen Bänder um die Fußknöchel wickelt und sie befestigt.
„Perfekt!", sagt Papa. Er nimmt Benni das Handy ab und macht ein Foto von Laura. „Jetzt siehst du aus wie eine richtige kleine Ballerina."
Laura steht auf und macht ein paar wacklige

Schritte. Mit den harten Spitzen und der schmalen Sohle ist es fast unmöglich, normal zu gehen. Aber die Schuhe sind ja auch nicht zum Gehen gemacht, sondern zum Tanzen. Zum Balletttanzen!

„Du watschelst wie 'ne lahme Ente", kichert Benni.

„Doofmann!", zischt Laura ihm zu.

„Passen sie?", fragt Mama.

Laura strahlt. „Viel besser als meine alten Gymnastikschuhe. Am liebsten würde ich sie den ganzen Tag anbehalten."

„Von mir aus", knurrt Benni. „Hauptsache, es gibt bald Frühstück."

„Dann deck schon mal den Tisch", lacht Laura. „Heute bist du nämlich mal dran. Ich hab Geburtstag!"

Das Spitzentanzverbot

Am Nachmittag kommt der Geburtstagsbesuch: Lauras Freundinnen aus der Schule und außerdem noch Tante Mieke, Onkel Karsten und ihre Kusine Tessi.

Oma und Opa wohnen leider zu weit weg in einer anderen Stadt. Aber sie rufen an und versprechen, bald zu Besuch zu kommen.

Oma freut sich, als Laura sich für die Spitzenschuhe bedankt und sagt, dass sie ganz wunderbar passen.

Tessi schenkt Laura einen Büchergutschein und Schokolade. Von Kim, ihrer allerbesten Freundin, bekommt Laura ein Poesiealbum mit einer Ballerina auf dem Umschlag.

„Schon wieder rosa", gackert Benni. Aber keiner achtet auf ihn.

Die Mädchen umringen den Tisch und bewundern die Geschenke. Als Kim die Spitzenschuhe sieht, reißt sie die Augen auf.
„Madame Moulin hat doch gesagt, dass wir erst mit zwölf auf Spitze tanzen dürfen", sagt sie zu Laura. „Vorher sind unsere Füße und Gelenke noch gar nicht stark genug." Die Koreanerin mustert Laura streng. „Hast du das etwa vergessen?"
„Nein", murmelt Laura zerknirscht. Daran hat sie selbst schon gedacht. „Natürlich nicht! Ich nehm sie ja auch noch gar nicht mit zum Unterricht."
„Aber in drei Jahren passen sie dir bestimmt nicht mehr", erwidert Kim. „Das ist doch bescheuert."
„Ja, ich weiß", seufzt Laura. „Aber meine Großeltern wussten doch nichts von dem Spitzentanzverbot. Und jetzt, wo die Schuhe schon mal da sind, kann ich zu Hause vielleicht schon mal üben. Nur für mich. Das merkt Madame über-

haupt nicht. Und wenn meine Füße endgültig stark genug sind, wünsch ich mir eben neue Spitzenschuhe. Meinetwegen zum zwölften Geburtstag", fügt sie schnippisch hinzu. „Aber dann kann ich wenigstens schon ein bisschen Spitze tanzen, wenn's so weit ist."

„Na, wenn du meinst." Kim wiegt den Kopf und betrachtet die anderen Geschenke. „Ich find's trotzdem doof, jetzt schon damit anzufangen. Wir sind schließlich noch nicht mal in der richtigen Anfängerklasse."

„Aber bald", knurrt Laura. „Morgen ist unsere letzte Schnupperstunde, und dann fängt der Anfängerkurs an." Aus Ärger über die Freundin verzieht sie das Gesicht. Schließlich weiß sie

selbst, was Madame Moulin, ihre Ballettlehrerin, zum Spitzentanztraining gesagt hat: Vor zwölf Jahren wird damit nicht begonnen. Und auch dann schaffen es nur ganz wenige Mädchen.
Mir doch egal, denkt Laura bei sich. Liebevoll streichelt sie die glatten Tanzschuhe. Es kann bestimmt nicht schaden, jetzt schon mal ein bisschen zu üben.

Verflixte Spitzenschuhe

Am Abend, als der Besuch weg ist und Mama und Papa die letzten Spuren der Feier beseitigen, geht Laura mit den Spitzenschuhen in ihr Zimmer. Sie setzt sich auf den Fußboden und zieht die Schuhe an, wobei sie sorgsam darauf achtet, die Bänder richtig zu wickeln.

Ihre Finger zittern ein bisschen, weil sie nervös ist. Sie will jetzt endlich wissen, wie es ist, auf Spitze zu stehen!
„Ich muss es doch wenigstens mal ausprobieren“, murmelt sie. „Sonst wird aus mir nie eine richtige Ballerina.“
Schweini, ihr karamellfarbenes Meerschweinchen, beobachtet

sie aus seinem Käfig heraus sehr aufmerksam. Als die Schuhe richtig sitzen und die Bänder befestigt sind, steht Laura vorsichtig auf und setzt die Zehenspitzen des linken Fußes auf.

Die eingearbeitete Spitze der Tanzschuhe ist steinhart und unangenehm, und Laura fragt sich, wie sie jemals darauf stehen soll.

Da brechen einem doch die Zehen ab! Wie machen die Ballerinen das nur?

Sie runzelt die Stirn. Dann zieht sie ihren Schreibtischstuhl näher heran und hält sich an der Lehne fest. Ganz langsam verlagert sie das Gewicht auf den linken Fuß.

Es tut weh und die Zehenspitzen knicken fast um, aber Laura beißt die Zähne zusammen und bleibt stehen.

Vorsichtig setzt sie den rechten Fuß auf. „Aua, Mann!“, flucht sie, als sie umknickt und das Gleichgewicht verliert. Sie gibt dem Stuhl einen Tritt. „Das kann doch nicht so schwer sein, blöde Kuh!“, schimpft sie mit sich selbst. Sie versucht es gleich noch einmal.
Diesmal hält sie sich am Schreibtisch fest und stemmt sich ein bisschen daran hoch, so hoch, bis beide Füße auf Spitze stehen.
Doch als sie die Schreibtischplatte loslässt, knickt sie sofort wieder um. Ein scharfer Schmerz schießt durch ihren rechten Knöchel. Tränen steigen ihr in die Augen.
„Verflixter Mist!“ Laura lässt sich aufs Bett fallen und umfasst den Knöchel mit beiden Händen. Ganz vorsichtig versucht sie, das Gelenk zu bewegen. Es tut höllisch weh. „Mist! Mist!“
Während ihr vor Wut, Enttäuschung und Schmerz dicke Tränen die Wangen hinunterkullern, wickelt sie die Satinbänder ab und

pfeffert die Spitzenschuhe mit wütendem Gesicht in eine Zimmerecke.

„Blöde Dinger! Dann eben nicht!", ruft sie ihnen hinterher.

Sie wischt sich die Tränen ab und humpelt ins Bad. Irgendwo muss doch Papas tolle Sportsalbe sein, von der er behauptet, dass sie gegen alles hilft.

Laura seufzt und hofft inständig, dass das auch für verstauchte Ballerinaknöchel gilt.

Die letzte Schnupperstunde

Papas Salbe hat gut geholfen. Jedenfalls hat Laura am nächsten Morgen kaum noch Schmerzen. Es zieht nur noch ein ganz kleines bisschen, und das auch nur beim Auftreten. Trotzdem gibt sie sich die allergrößte Mühe, sich nichts anmerken zu lassen, als sie zum Frühstück herunterkommt.

Benni muss erst zur dritten Stunde in die Schule und schläft noch. Papa ist schon in seiner Tischlerwerkstatt in der alten Mühle am Stadtrand. Aber Mama steht noch in der Küche. Sie trinkt einen letzten Schluck Kaffee und streicht Laura über den Kopf.

„Hast du gut geschlafen?", fragt sie und greift nach ihrem Autoschlüssel. „Ich hab heute nach Schulschluss eine Konferenz. Es kann ein bisschen später werden."

„Macht nichts“, meint Laura, während sie Milch über ihre Cornflakes gießt. „Ich hab heut Nachmittag sowieso Ballett.“

Mama lächelt. „Ach ja, die letzte Schnupperstunde. Ab nächster Woche bist du in der Anfängerklasse. Freust du dich?“

Laura verdrängt den Gedanken an ihren misslungenen Spitzentanzversuch und nickt: „Und wie!“

Als sie wenig später ihr Rad aus dem Schuppen holt, den Helm aufsetzt und sich auf den Schulweg macht, fragt sie sich allerdings, wie sie ihre allerletzte Schnupperstunde in der Ballettschule mit verstauchtem Knöchel überstehen soll.

„So was Blödes!“, grummelt sie vor sich hin, während sie vorsichtig in die Pedale tritt. Sie ärgert sich über sich selbst, aber auch über die Spitzenschuhe. „Sobald der Knöchel wieder gut ist, versuch ich’s noch mal. Irgendwann muss es schließlich klappen. Es muss!“

Im Sportunterricht in der dritten Stunde tut der Knöchel so weh, dass Laura Frau Klausen Bescheid sagt.
Den Rest der Stunde muss sie auf der Bank sitzen und zugucken, wie die anderen Brennball spielen.
„Was ist denn los?", fragt Kim in der Pause.
„Ich hab mir den Fuß verknackst", murmelt Laura.
„Bin wohl umgeknickt."
„Das ist ja doof", meint Kim. „Ausgerechnet heute!"

Laura nickt. Zum Glück haben wir nur noch Mathe und Kunst, denkt sie. Dafür brauch ich den blöden Fuß nicht. Aber was soll heute Nachmittag aus dem Ballettunterricht werden? So ein Pech!

Als sie mittags nach Hause kommt, ist der Knöchel ein bisschen angeschwollen.

Laura versucht, nicht auf das puckernde Gefühl zu achten. Sie schmiert einen extra langen Strang von Papas Sportsalbe auf das Gelenk.

„Viel hilft viel", brummt sie und verstreicht die dicke Pampe sorgfältig.

Gleich nach den Hausaufgaben packt sie ihre Balletttasche. Ohne darüber nachzudenken, stopft sie ihren alten Gymnastikanzug, die schwarzen Gymnastikschuhe und die Strickstrumpfhose hinein. Erst, als sie den Reißverschluss zuzieht, fallen ihr die schönen neuen Ballettsachen ein, die sie zum Geburtstag bekommen hat. Aber jetzt ist es zu spät, noch einmal alles aus- und neu einzupacken. Und außerdem, beschließt sie, ist es viel toller, die neuen Sachen erst im Anfängerkurs einzuweihen.

Der vierwöchige Schnupperkurs in der Ballettschule *La Danse* hat Laura zwar großen Spaß gemacht, aber richtig Ballett getanzt haben sie da noch nicht. Das geht erst in der nächsten

Woche los, wenn sie endgültig zu den *Elevinnen* gehört, wie Madame Moulin ihre Ballettschülerinnen nennt.

„Komm schon, Trödeltante!“, nimmt Kim sie draußen in Empfang. „Du weißt doch, dass Madame die Motten kriegt, wenn wir zu spät kommen.“
Als Laura den Helm aufgesetzt hat, schwingen sie sich auf ihre Räder und düsen los. Vor der Tanzschule schließen sie ihre Räder an und legen die letzten Meter die Treppe hinauf im Laufschritt zurück.
Dabei beißt Laura sich auf die Unterlippe. Der Knöchel tut so weh, dass sie am liebsten laut aufgeschrien hätte. Wie soll sie mit diesen Schmerzen denn nur tanzen?
Schweigsam und mit blassem Gesicht zieht sie sich um und steckt die Haare hoch.
„Sag mal, geht's dir nicht gut?“, fragt Kim besorgt.

Laura kann nur den Kopf schütteln.
„Ist es der Fuß?"
Laura nickt. „Ja, er tut aasig weh", sagt sie und drängt die aufsteigenden Tränen mühsam zurück.
„Oh, Mann!" Kim macht ein mitfühlendes Gesicht. „Das musst du Madame aber unbedingt sagen. So kannst du nicht mittanzen."
„Ja, ich weiß", schnieft Laura. „Ich sag's ihr gleich."
Mit hängendem Kopf folgt sie den anderen Mädchen in den Ballettsaal.

„Heute wollen wir noch einmal improvisieren." Annick Moulin sitzt in der Mitte des Ballettsaals. Die acht Mädchen des Schnupperkurses sitzen um sie herum und hören aufmerksam zu. „Ihr habt in den letzten Wochen einiges gelernt: die Positionen der Füße und auch schon die ersten Armpositionen. Ihr wisst jetzt, wie wichtig die richtige Körperhaltung ist und

wie man sich vor jeder Unterrichtsstunde warm und locker macht. Ein paar von euch sehe ich nächste Woche in meiner Anfängerklasse wieder." Sie nickt Laura, Kim und zwei anderen Mädchen zu. „Auf dem stabilen Gerüst, das ihr inzwischen habt, werden wir im Ballettunterricht gemeinsam aufbauen. Ich freue mich schon sehr darauf." Sie klatscht in die Hände und steht auf. „Allez, mes enfants! À la barre!"
Die Mädchen springen auf und stellen sich an die Stange, um ihre Dehn- und Streckübungen zu machen. Nur Laura bleibt unschlüssig stehen.
„Nanu?", fragt Madame Moulin. „Was ist, Laura? Warum gehst du nicht an die Barre?"
Laura zögert. Ganz kurz denkt sie daran, der Ballettlehrerin von ihrem missglückten Spitzentanzversuch zu erzählen. Aber dann fällt ihr ein, was für einen Eindruck das machen würde. Nicht nur, dass Madame ausdrücklich verboten

hat, vor dem zwölften Lebensjahr überhaupt an Spitzentanz zu denken. Was soll sie von einer Elevin halten, die es nicht mal schafft, sich eine Sekunde auf den Spitzen zu halten, ohne sich gleich den Knöchel zu verknacksen?

Nein, denkt Laura. Sie gibt sich einen Ruck und sagt: „Ich hab mir den Knöchel verstaucht. Heute morgen im Sportunterricht."

„Ach herrje, ma petite!" Annick Moulin beugt sich vor und legt Laura tröstend eine Hand auf die Schulter. „Das tut mir sehr leid. Aber natürlich darfst du mit einem verstauchten Gelenk nicht tanzen. Das kann schlimme Folgen haben. Gut, dass du es mir gleich gesagt hast."

Laura schluckt. Ihre Lüge bereut sie schon jetzt. Es ist gemein, Madame anzulügen.

Bedrückt setzt sie sich in eine Ecke des Saals und guckt den anderen zu. Madame Moulin beobachtet die Mädchen bei ihren Übungen und gibt kleine Hilfen. Laura weiß, dass die ehemalige Ballerina früher einmal zum Ensemble der Pariser Staatsoper gehört hat. Im Eingangsbereich der Schule hängen Aufnahmen von ihren umjubelten Auftritten in Paris, St. Petersburg, London, Madrid und Rom. Beneidenswert, denkt Laura. Ob ich es jemals so weit schaffe? Bestimmt nicht. Sie stützt das Kinn auf die Knie und seufzt. Ich bin ja sogar zu blöd zum Auf-der-Spitze-Stehen. Wie soll aus mir jemals eine berühmte Ballerina werden?

Missmutig verfolgt sie den Unterricht. Nach der Stunde ist sie die Erste im Umkleideraum. In Windeseile zieht sie sich um und humpelt hinaus. Für heute hat sie genug vom Ballett.

Aller Anfang ist schwer

Laura staunt, wie schnell die Zeit vergeht. Fängt heute wirklich schon der Anfängerkurs an?
In der Schule ist sie so hippelig und unkonzentriert, dass sie ein paar Mal ermahnt wird.
Aber wie soll man sich auch auf Mathe und Deutsch konzentrieren, wenn man die ganze Zeit an die erste richtige Ballettstunde denken muss?
Das ist einfach unmöglich, findet Laura, während sie zum wiederholten Mal auf die große Wanduhr über der Tafel starrt und die Stunden zählt, anstatt Textaufgaben zu lösen.
Endlich ist Nachmittag und sie steht mit den anderen Mädchen an der Stange. Ihr Herz macht vor Aufregung einen kleinen Sprung.
Hoffentlich mache ich auch alles richtig, denkt sie und stellt sich noch ein bisschen gerader hin.

„Erste Position, demi-plié!“, ruft Madame Moulin. Sie klatscht zur Klaviermusik in die Hände und schreitet die Barre ab. „Und weiter beugen, grand-plié! Streck den Po nicht so raus, Kim! Laura, heb den Kopf!“
Die Ballettlehrerin bleibt neben Laura stehen und drückt ihr sanft das Kinn nach oben. „So ist es gut, sehr schön.“
Laura steht mit dem Gesicht nicht zur Barre und kann sich daher nicht selbst im Spiegel bewundern. Das ist ihr ganz recht. Denn obwohl sie zum Anfängerkurs extra das neue Trikot und die Schläppchen angezogen hat, findet sie ihre Bewegungen überhaupt nicht elegant.

Im Gegenteil: Laura fühlt sich wie ein ungeschickter Elefant. Und die Kommandos von Madame kommen so schnell, dass sie ihnen kaum folgen kann.
Ein einzelner Schweißtropfen löst sich in Lauras Nacken und läuft langsam zwischen ihren Schulterblättern hinunter. Es kribbelt fast unerträglich.
Das ist ja schlimmer als der verknackste Fuß, denkt sie, bevor Madame das nächste Kommando gibt und den Takt noch einmal erhöht.
Dank Mamas Spezialbehandlung mit essigsaurer Tonerde und einem elastischen Verband ist Lauras Knöchel wieder ganz in Ordnung.
Denn natürlich hat Mama doch noch gemerkt, dass da etwas nicht stimmt. Laura hat ihr dasselbe erzählt wie Madame Moulin, nämlich dass sie beim Sportunterricht in der Schule umgeknickt ist.
Zwei Lügen in einer Woche, denkt Laura. Das ist neuer Weltrekord!

„Laura, träumst du?“, ertönt die Stimme der Ballettlehrerin.

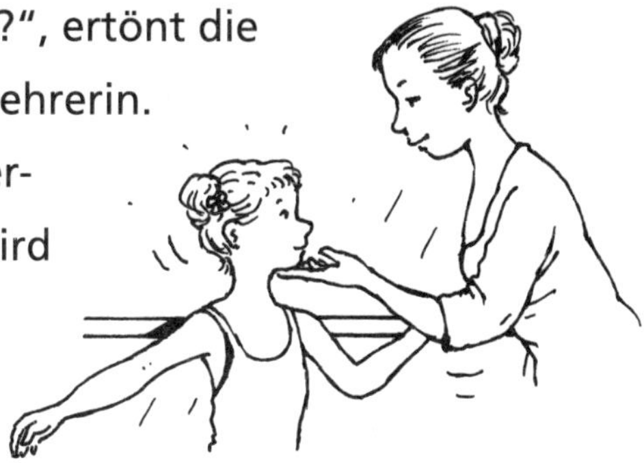

„Nein, Madame“, erwidert Laura. Sie wird knallrot.

„Zweite Position, demi-plié!“, ruft Madame ihr zu. „Und denk an dein Kinn!“

Laura reckt das Kinn und versucht, sich zu konzentrieren. Aber das ist gar nicht so einfach bei den vielen neuen Kommandos.

Immer wieder verwechselt sie die Positionen und bringt demi-plié und grand-plié durcheinander. Klar, dass sie dabei aus dem Takt kommt.

Warum muss auch ausgerechnet Französisch Ballettsprache sein? Welches neunjährige Mädchen spricht und versteht schon fließend Französisch? Keins, denkt Laura missmutig. Es sei denn, es kommt aus Frankreich.

Nathalie, ein älteres Mädchen aus der Gruppe,

wirft ihr einen gehässigen Blick zu und flüstert: „Dämliche Anfängerin!"

Laura schafft es nicht, das gemeine Gezischel zu überhören, und streckt ihr die Zunge raus.

„Laura-Marie!", ruft Madame sofort. „Noch so eine Unaufmerksamkeit und du darfst dich umziehen!"

Oh, Mann!, denkt Laura zerknirscht. Heute ist nicht mein Tag.

Erst als sie ein paar leichte Übungen demipointe – also auf halber Spitze – machen, klappt es endlich besser.

Und bei einem besonders gelungenen grandplié lobt Madame sie sogar.

„Sehr schön, Laura!", ruft sie. „Und jetzt: Au milieu! In die Mitte!"

Die Mädchen stellen sich mit etwas Abstand zueinander im Ballettsaal auf. Laura stellt sich neben Kim. Die Freundinnen wechseln ein flüchtiges Lächeln. Aber dann müssen sie sich auch schon wieder konzentrieren. Zuerst heben sie einen Fuß so hoch, bis sie wie Flamingos im Zoo auf einem Bein stehen. Um das Gleichgewicht besser halten zu können, stemmen sie die Hände in die Hüften. Dann heben sie langsam die Arme seitlich an.

Beim folgenden Tendu stellen sie sich in die erste Position und legen die Hände seitlich an die Schultern, bis die Ellenbogen spitz nach außen zeigen.

„Richtet euren Blick geradeaus“, sagt Madame, „und sucht euch einen Punkt an der Wand, dann geht es leichter. Und tendu!“
Die Mädchen strecken eine Fußspitze zur Seite, ziehen sie wieder heran, heben die Arme und machen sich groß. Das Gleiche wiederholen sie mit dem anderen Fuß.
Laura hat keine Mühe, das Gleichgewicht zu halten, und vergisst auch nicht, das Kinn zu heben. Als Madame ihr wohlwollend zulächelt, freut sie sich. Beim anschließenden Hüpfen, Laufen und Marschieren im Takt der Musik hat sie die vorangegangenen Anstrengungen schon fast vergessen.
Die Mädchen stellen sich paarweise zusammen und fassen sich an den Händen. Dann laufen sie kreuz und quer durch den Saal, wobei sie darauf achten, sich möglichst leichtfüßig und elegant zu bewegen.
Die Ballettlehrerin klatscht dazu in die Hände und hilft ihnen, den Rhythmus zu halten.

Schon bald herrscht lebhaftes Gewusel. Alle lachen fröhlich – nur Nathalie nicht. Laura sieht, dass sie versucht, zwischen den Schritten ein paar schwierige Sprünge einzufügen. Immer und immer wieder

versucht sie es, bis es schließlich klappt. Ihr Gesicht ist dabei ganz angespannt und verbissen. Nathalie behauptet, schon seit vielen Jahren Ballett zu tanzen. Die Ballettschule *La Danse* gibt es noch nicht so lange und trotz seiner angeblichen Erfahrung hat Madame das Mädchen kurzerhand in die Anfängerklasse gesteckt. Nathalie scheint das mächtig zu wurmen.

Wie kann man nur so verkniffen sein?, denkt

Laura bei sich. Tanzen soll doch Spaß machen! Kopfschüttelnd hüpft sie weiter.

„Machen wir die Übungen an der Stange eigentlich jedes Mal?“, fragt Laura wenig später im Umkleideraum.
„Ja, klar.“ Sarah, ein älteres und sehr nettes Mädchen aus der Gruppe, nickt. „Das machen sogar Fortgeschrittene und Profitänzer noch jeden Tag. Madame hat mal gesagt, die Grundpositionen und die Übungen an der Barre muss man im Schlaf beherrschen, wenn man eine gute Tänzerin werden will.“
„Eine gute Tänzerin ...“, murmelt Laura und fügt im Stillen hinzu: Genau das will ich werden. Unbedingt – auch wenn es noch so anstrengend ist!
„Um das im Schlaf zu können, muss man aber bestimmt ziemlich viel trainieren“, stöhnt Kim. „Ich glaub, das schaff ich nie.“
„Das glaub ich allerdings auch“, zischt Na-

thalie. „Manche lernen es nie." Sie lacht gehässig.
„Sei nicht so gemein, Nathi", brummt Sarah. „Du bist nicht perfekt und hast auch mal klein angefangen."
Nathalie rümpft die Nase. „Aber das ist Jahre her. Nicht mehr lange und ich komme zu den Fortgeschrittenen. Das musste Annick meiner Mutter versprechen. Mit meinem Talent kann ich schließlich nicht ewig mit unbegabten Anfängerinnen herumhoppeln. Das ist wirklich unter meinem Niveau."
Kim schnaubt entrüstet. „Ich weiß zwar nicht, was ein Niveau ist", sagt sie, „aber dass du eine ziemlich doofe Tussi bist, das weiß ich genau. Blöde Kuh!", fügt sie noch hinzu und verschwindet unter der Dusche.
Nathi schnappt nach Luft, sagt aber nichts mehr.
Donnerwetter!, denkt Laura. Das hat gesessen.

Eine Überraschung

Auf dem Weg zur nächsten Ballettstunde kichern Laura und Kim noch immer über Nathalies beleidigtes Gesicht.

„Das ist unter meinem Niveau“, sagt Kim. Sie setzt ein hochnäsiges Gesicht auf und macht ein paar gezierte Trippelschritte.

„Hoffentlich kommt sie wirklich bald zu den Fortgeschrittenen“, seufzt Laura. „Sie hat es zwar nicht verdient, aber dann wären wir sie wenigstens los.“

„Stimmt“, meint Kim. „Die ist echt zu doof. Die armen Mädchen aus dem Fortgeschrittenenkurs tun mir jetzt schon leid.“

Als sie die Ballettschule betreten, herrscht vor dem Schwarzen Brett im Eingangsbereich Gedränge. Einige Mädchen aus ihrer Gruppe stehen vor der Tafel mit den Ankündigungen und tuscheln aufgeregt miteinander. Auch ein paar ältere Mädchen sind darunter, die Laura bisher nur vom Sehen kennt.

„Gibt's was umsonst?", fragt Kim belustigt.

„Bei Madame gibt es nie was umsonst", erwidert ein schlankes blondes Mädchen. „Das wirst du schon noch merken." Es lächelt, dann dreht es sich um und verschwindet in einem der Tanzsäle.

Laura und Kim drängeln sich durch die entstandene Lücke nach vorn.

„Hier, seht selbst!" Sarah zeigt auf einen Zettel. „In zwei Monaten findet ein Ballettabend im Theater statt. Madame wird sicher schon bald die Rollen verteilen."

„Welche Rollen?", fragt Laura.

„Na, für die Aufführung, du Dummi!" Sarah

lacht. „Es gibt in dem Stück zwar nur wenige Hauptrollen und die bekommen natürlich die besten Elevinnen, aber die Nebenrollen müssen auch besetzt werden. Und zwar doppelt, falls jemand ausfällt. Also strengt euch tüchtig an, dann seid ihr vielleicht dabei."

„Bei einer Aufführung? Im Theater? Und alle gucken zu?" Kim verdreht die Augen. „Im Leben nicht! Eher sterbe ich!" Sie macht einen Schritt zurück und sagt: „Ich verzichte freiwillig."

Laura bleibt stehen. Sie spürt ihr Herz klopfen. Auf einer Bühne tanzen? In einem richtigen Ballettstück, mit Musik und Zuschauern? Das ist ja aufregend.

„Nun reiß dich endlich los!" Kim zieht unsanft an ihrem Ärmel und zeigt auf die Uhr. „Wir müssen uns umziehen."

Wie gebannt hängt Lauras Blick an der Ankündigung:

> „Am 30. November wird im kleinen Saal des Stadttheaters unser erster Ballettabend stattfinden. Aufgeführt wird eine Episode aus dem Ballett *Der Nussknacker* nach der Musik von Peter Tschaikowsky und der Choreographie von Lew Iwanow. Die Liste mit den Namen der teilnehmenden Tänzerinnen und der Trainingsplan werden in der nächsten Woche bekannt gegeben."

Der Nussknacker. Ein klassisches Ballett! Verträumt stolpert Laura hinter Kim und den anderen her. Auf einer Bühne stehen und tanzen. Nur ein einziges Mal! Sie nimmt sich vor, sich in den nächsten Ballettstunden besonders anzustrengen. Noch mehr als sonst.
Madame Moulin muss mir eine Rolle geben, denkt sie. Und wenn es die winzigste Nebenrolle im ganzen Stück ist. Und Kim muss mir den

Glücksklee geben, unbedingt! Er hat mir schon mal geholfen.
Im Sommer haben Laura und Kim einen Glücksklee gefunden – das heißt, eigentlich hat Kim ihn nur gesucht, gefunden hat ihn Laura.
Sie hat den Klee in einen Topf gepflanzt. Und damit sie beide etwas von dem Glück abbekommen, haben sie gerecht geteilt: Kim bekommt den Glücksbringer in der ersten Wochenhälfte, Laura in der zweiten. Und wenn sie mal beide gleichzeitig besonders viel Glück brauchen – in der Schule zum Beispiel –, stellen sie den Topf einfach zwischen sich. Aber jetzt hab ich das Glück am nötigsten, beschließt Laura. Immerhin geht es um meinen ersten Auftritt als Ballerina.

Später am Abend sagt Mama: „Oma hat vorhin angerufen. Sie fragt, ob du die Spitzenschuhe schon eingetanzt hast."

Auweia! Laura schluckt. Die Spitzenschuhe! Die hat sie in die hinterste Ecke ihres Kleiderschranks verbannt, damit sie sie nicht mehr angucken muss, die blöden Zehenbrecherdinger. Sie wird rot und murmelt: „Hmhm."
„Sie passen doch, oder?", bohrt Mama. „Sonst muss Oma sie umtauschen. Noch wird's gehen, obwohl – wenn du schon in ihnen getanzt hast …" Sie mustert Laura und wartet offenbar auf eine Antwort.
Laura rutscht nervös auf ihrem Stuhl hin und her. „Ähm, ganz ehrlich, Mama –", druckst sie herum, „eigentlich ist es so, äh, es ist, weil … na ja, wir dürfen nämlich noch gar keine Spitzenschuhe tragen." Puh, jetzt ist es raus! „Erst, wenn wir zwölf sind", setzt sie noch schnell hinzu.
„Was?" Mama zieht die Augenbrauen hoch. „Aber warum hast du denn nichts gesagt? Die teuren Schuhe!"
„Tut mir leid." Laura macht ein zerknirschtes

Gesicht. „Aber ich hab mich doch so gefreut. Und ich wollte heimlich üben, damit ich in drei Jahren dann schon richtig tanzen kann." Sie hat Tränen in den Augen.
Mama nimmt sie in den Arm. „Aber Laura", sagt sie. „Wenn du noch drei Jahre Zeit hast mit dem Spitzentanz, brauchst du die Schuhe doch noch gar nicht. Es gibt sicher gute Gründe, dass ihr nicht vor dem zwölften Geburtstag damit anfangen dürft."

Laura nickt: „Madame hat gesagt, vorher sind unsere Fußgelenke noch nicht stark genug."
„Also, Laura!" Jetzt klingt Mamas Stimme ärgerlich. „Das hättest du mir wirklich sagen müssen! Bitte bring mir die Schuhe, damit ich sie gleich morgen Oma schicken kann. Ich hoffe, das Geschäft nimmt sie noch zurück."
„Ja, hoffentlich", murmelt Laura betreten.

„Wenn Oma das Geld zurückbekommt, kann sie dir dafür doch etwas anderes schenken", schlägt Mama vor. „Etwas, das du wirklich gebrauchen kannst. Vielleicht fällt dir etwas ein. Und jetzt hol die Schuhe. Und bring dein Briefpapier mit! Ich finde, du solltest Oma und Opa einen Brief schreiben und ihnen alles erklären."
„Okay, mach ich." Laura steht auf und gibt Mama einen Kuss.
„Fein", erwidert Mama lächelnd. „Und was den Spitzentanz angeht: Du hast noch drei Jahre Zeit. Vergiss das nicht. Wer weiß? Vielleicht hast du bis dahin die Nase voll vom Ballett und brauchst überhaupt keine Spitzenschuhe mehr."
Die Nase voll vom Ballett? Im Leben nicht! Auf alles würde ich verzichten, denkt Laura, als sie in ihr Zimmer läuft, um die Schuhe zu holen. Auf Schokoladeneis, Pizza und vielleicht sogar auf Lakritzschnecken – aber niemals aufs Ballett!

Jede Rolle ist wichtig!

Am nächsten Nachmittag bringt Laura ihren Brief und das Päckchen mit den Spitzenschuhen

eigenhändig zur Post. Es fällt ihr schwer, die schönen Schuhe zurückzuschicken, aber Oma und Opa werden es sicher verstehen.

Ein paar Tage später ruft Oma an.

Laura traut sich zuerst nicht ans Telefon, aber Benni gibt ihr einen kleinen Schubs.

„Nun mach schon, Zwerg“, flüstert er ihr zu. „Durchs Telefon wird sie dir schon nicht den Kopf abreißen.“

Zuerst schimpft Oma ein bisschen, weil sie nichts von dem Spitzentanzverbot gewusst hat, aber dann erzählt sie Laura, dass sie die

Schuhe problemlos gegen einen Gutschein umtauschen konnte.
„Wenn du uns das nächste Mal besuchst“, sagt sie, „darfst du dir in dem Ballettgeschäft etwas Schönes aussuchen.“
„Dann seid ihr also nicht böse?“, fragt Laura kleinlaut.
„Wie kommst du denn darauf?“ Oma lacht. „Nächstes Mal fragen wir dich vorher, was du dir wünschst. Und diese dummen Spitzentanzschuhe vergessen wir am besten ganz schnell, einverstanden?“
Laura fällt ein großer Stein vom Herzen.
„Einverstanden“, sagt sie. „Vielen Dank, Oma. Und grüß Opa von mir.“
Benni grinst, als Laura auflegt.
„Siehste“, sagt er. „Der Kopf ist noch dran.“

Am Ende der Woche hängt eine lange Liste am Schwarzen Brett der Ballettschule. Aufgeregt stehen die Mädchen davor und fahren

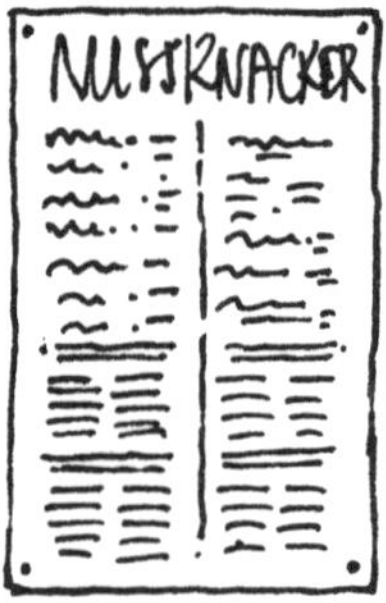

mit den Fingern die Reihe der Namen entlang.

„Alena tanzt die Klara“, ruft eins von ihnen. „Die Hauptrolle!“

„Was hast du denn erwartet?“, erwidert ein anderes Mädchen. „Sie ist die Beste von uns. Madame konnte gar nicht anders entscheiden.“

Endlich schaffen es Laura und Kim, sich durch die schnatternden Reihen bis ganz nach vorn zu schieben.

Mit klopfendem Herzen sucht Laura ihren Namen. Kim hilft ihr dabei.

„Du tanzt eine der Mäuse“, sagt Kim und hüpft vor Aufregung auf und ab. „Hier steht's!“ Sie zeigt auf die Spalte mit den Nebenrollen.

Laura traut ihren Augen kaum. Tatsächlich, da steht es schwarz auf weiß: „Erste Besetzung, zweite Maus: Laura-Marie Brendel.“

„Ich bin dabei“, flüstert sie. „Ich bin wirklich dabei.“

Kim umarmt sie, soweit das in dem Getümmel überhaupt möglich ist, und ruft: „Ich wusste es! Herzlichen Glückwunsch!"

Laura hat ein ganz kribbeliges Gefühl. Ihr schwirrt der Kopf bei dem Gedanken, schon bald auf einer richtigen Bühne tanzen zu dürfen. Plötzlich fällt ihr Kim ein. „Aber was ist mit dir?", fragt sie. „Wo stehst du?"
Kim grinst. „Da, ganz weit unten", sagt sie zufrieden. „Ich bin die zehnte Maus der zweiten Besetzung. Wenn ich Glück hab und kein Mädchen aus der ersten Liste krank wird, komm ich um meinen Auftritt herum."
„Das ist doch blöd", sagt Laura. „Dann können wir ja gar nicht zusammen auftreten."
„Schon vergessen?" Kims Grinsen wird breiter. „Ich will überhaupt nicht auftreten." Sie zieht Laura mit sich aus dem Gedränge. „Ich

werde mich im Training so blöd anstellen, dass Madame Moulin mich nicht mal im äußersten Notfall auf die Bühne lassen wird."
„Das ist nicht dein Ernst, oder?", fragt Laura.
„Doch", erwidert die Freundin ungerührt. „Mein voller Ernst sogar."

Während sie sich für die Ballettstunde umziehen, purzeln die Gedanken in Lauras Kopf nur so durcheinander.
Ich bin dabei, summt es ohne Unterlass in ihrem Kopf. Ich bin wirklich dabei.
Dann denkt sie an Kim. Laura findet es schade, dass ihre beste Freundin nicht mittanzt. Aber sie weiß, dass Kim immer ehrlich ist, und wenn sie wirklich nicht will …
„Herzlichen Glückwunsch!" Sarahs Stimme reißt sie aus ihren Gedanken. „Ich hab deinen Namen auf der Liste gesehen."
„Danke", sagt Laura. „Bist du auch mit dabei?"
Sarah nickt: „Ich bin ein Zinnsoldat."

„Toll!“, freut sich Laura. Ihr Blick fällt auf Nathalie, die ungewöhnlich schweigsam ist. Mit finsterem Gesicht wühlt sie in ihrer Balletttasche und sieht kaum auf.
„Sie ist nur zweite Besetzung“, flüstert Sarah Laura zu. „Eben am Schwarzen Brett hätte sie fast einen Schreikrampf gekriegt. Jetzt will sie ihre Mutter unbedingt dazu bringen, bei Madame noch eine der Hauptrollen für sie zu erstreiten.“
„Aber die Hauptrollen tanzen die fortgeschrittenen Mädchen“, flüstert Laura zurück. „So gut ist sie noch lange nicht.“
Sarah zuckt mit den Schultern. „Du weißt doch, wie Nathi ist: Sie hält sich für den größten Star unserer Schule.“

Zu Beginn der Ballettstunde bittet Annick Moulin die Mädchen in die Mitte des Ballettsaals. Die Ballettlehrerin hat die Haare zu einem Ballerinaknoten zusammengefasst und

trägt ein wadenlanges Tanzkleid mit einer dazu passenden Wickeljacke. Sie sieht sehr elegant, aber auch ein bisschen streng aus.
„Sicher habt ihr inzwischen die Besetzungslisten studiert“, sagt sie.
„Ich habe es mir nicht leicht gemacht, aber ich glaube, ich habe die Rollen gerecht verteilt.“
Von Nathalie kommt ein verächtliches Schnauben. Madame wirft ihr einen kurzen Blick zu und fährt fort: „Ausschlaggebend für die Rollenverteilung waren euer Können und die Fortschritte, die ihr in der letzten Zeit gemacht habt. Aber darüber hinaus muss natürlich auch eure Ausstrahlung zu der jeweiligen Rolle passen. Wenn die eine oder andere von euch enttäuscht ist, dass sie diesmal noch nicht dabei ist oder vielleicht nur in der zweiten Besetzung tanzt, denkt daran, dass ihr gerade erst mit dem Ballett angefangen habt. Jede einzelne Rolle ist wichtig für das ganze Stück. Und die zweite Besetzung muss genauso hart trainieren

wie die erste." Sie macht eine Pause und mustert die Mädchen der Reihe nach. „Ihr werdet viel üben müssen, aber ich hoffe, ihr freut euch ebenso auf die Aufführung wie ich. Ich gebe euch nachher einen Zettel für eure Eltern mit, in dem ich sie über das zusätzliche Training und unseren Ballettabend informiere. Außerdem müssen sie noch eine Einverständniserklärung unterschreiben. Und jetzt –", sie klatscht in die Hände, „à la barre! Wir haben viel Arbeit vor uns."

Der Kampf mit den Mäusen

Zu Hause holt Laura ihr dickes Ballettbuch aus dem Bücherregal. Natürlich kennt sie das Nussknacker-Ballett, aber trotzdem will sie sich die Geschichte noch einmal ganz genau durchlesen – besonders die Szene mit den Mäusen. Sie hat es sich gerade in ihrer Kuschelecke gemütlich gemacht, das dicke Buch auf dem Schoß, da steckt Papa seinen Kopf ins Zimmer.

„Stör ich?", fragt er.

Laura rutscht ein Stück zur Seite. „Nee, komm ruhig rein. Dann kann ich dir was vorlesen." Sie grinst. „*Der Kampf mit den Mäusen* – kennst du das?"

„Nein." Papa schüttelt den Kopf und setzt sich neben sie auf ein Kissen. „Aber es hört sich gut an. Mama hat mir erzählt, dass du bei eurem Ballettabend einen Auftritt als Maus hast. Ist das die Geschichte dazu?"

„Genau." Laura klappt das Buch auf und fängt an, vorzulesen: „‚Im Haus ist es dunkel und still. Klara schleicht leise die Treppe hinunter. Sie will sich vergewissern, dass der Nussknacker, den sie von Onkel Drosselmeyer zu Weihnachten bekommen hat, in Sicherheit ist. Sie findet ihn da, wo sie ihn zurückgelassen hat, aber das vertraute Zimmer kommt ihr verändert vor: Dunkle Schatten gleiten über den Boden und das Schlagen von Großvaters Uhr verbreitet ein unheimliches Echo. Plötzlich fängt der Weihnachtsbaum an zu schwanken. Er wird größer und größer, bis seine Spitze an die Decke stößt.'"

Laura legt eine Pause ein. „Ganz schön spannend, was?", fragt sie und reicht Papa das Buch. „Kannst du mal weiterlesen? Gleich kommt das mit dem Mäusekönig." Sie kuschelt sich in Papas Arm und schließt die Augen.

Papa räuspert sich kurz, dann liest er: „‚Vielleicht geh ich lieber wieder ins Bett?, denkt Klara und dreht sich um. Da erblickt sie plötzlich eine riesige Maus, die ihr den Weg versperrt. Aus allen Richtungen kommen jetzt Mäuse auf sie zu. Hilfe!, ruft Klara. Die Zinnsoldaten, die ihrem Bruder Franz gehören, stellen sich auf, um ihr zu helfen. Auch der hölzerne Nussknacker kommt auf die Beine und stürzt sich mit seinem Schwert auf den Mäusekönig. Klara zieht einen Hausschuh aus und schleudert ihn gegen den König. Der Mäusekönig erschrickt und der Nussknacker kann ihn töten. Als die anderen Mäuse ihren toten König davontragen, verschwindet der Nussknacker und an seine Stelle tritt Onkel Drosselmeyers Neffe, gekleidet wie ein Prinz. Er nimmt die Krone des Mäusekönigs und setzt sie Klara auf. In einem romantischen Tanz nimmt er Klara mit sich in einen glitzernden Schneesturm.'"

Papa lässt das Buch sinken. „Junge, Junge, das ist aber eine spannende Geschichte", meint er. „Ich wusste gar nicht, dass Ballett so spannend sein kann. Und du bist wirklich eine von den Mäusen?"

„Ja", sagt Laura stolz. „Wir haben sogar schon angefangen, die Schritte einzuüben."

Ein wenig mühsam steht Papa aus der ungewohnten Sitzposition auf und streckt sich. „Das ist wirklich toll, Prinzessin. Dein erster Auftritt als Ballerina! Mama und ich können es kaum erwarten, das Stück zu sehen."

Und ich kann es kaum erwarten, das Stück zu

tanzen, denkt Laura und grinst. Sie schiebt das Buch zurück ins Regal und steht auf.
„Wenn du willst, können wir uns auch noch die Musik dazu anhören. Die ist von Tschaikowsky“, fügt sie hinzu. Papa ist einverstanden.
Wenig später erklingen aus Lauras CD-Player zauberhafte Melodien: eine aufsteigende Folge von Streichern, die das Wachsen des Weihnachtsbaumes darstellen, Blechblasinstrumente für die tapferen Zinnsoldaten und quiekende Piccoloflöten für die aufgeregten Mäuse.

„Ich werde noch ein richtiger Ballettfan", schmunzelt Papa, als die letzten Töne verklungen sind.
„Ist doch cool", lacht Laura.
„Trotzdem hoffe ich, dass du dir nicht zu viel vornimmst." Papas Gesicht wird ernst. „Immerhin bist du noch nicht so lange beim Ballett und hast dir gerade erst den Fuß verstaucht. Auf dem Zettel von Madame Moulin steht, dass bis zur Aufführung zusätzliche Übungsstunden stattfinden."
Laura nickt: „Ist doch klar, dass wir mehr üben müssen als sonst. Der Ballettabend soll doch ein Erfolg werden."
„Ja, schon. Aber ich will nicht, dass es überhandnimmt, verstehst du?" Papa sieht Laura aufmerksam an. „Du bist erst neun. An erster Stelle kommt die Schule. Ballett soll ein Hobby für dich sein, nicht mehr und nicht weniger."
Es ist aber mehr als ein Hobby!, will Laura schon aufbrausen, aber sie reißt sich zusammen. Wie

sollen Mama und Papa auch begreifen, wie wichtig das Tanzen für sie ist? Das versteht nur sie selbst.
„Alles klar, Papa", sagt sie daher und bemüht sich, locker zu klingen. „Wir müssen doch nur bis zur Aufführung ein bisschen mehr üben. Danach ist alles wieder ganz normal."
Papa gibt sich mit ihrer Antwort zufrieden und verlässt das Zimmer. Laura hört ihn die Treppe hinuntergehen und drückt erleichtert auf die Wiederholungstaste ihres CD-Players.
„Das wäre ja noch schöner", schimpft sie leise, „wenn Mama und Papa plötzlich was gegen das Ballett hätten! Das kommt überhaupt nicht in die Tüte!"

Mama macht sich Sorgen

„Heute Nachmittag haben wir Kostümprobe", verkündet Laura ein paar Tage später beim Frühstück. „Kann ich vielleicht gleich nach der Schule hinfahren? Je eher ich da bin, umso schneller hab ich mein Kostüm."

Mama lässt ihren Marmeladentoast sinken. „Das kommt nicht infrage", sagt sie sofort. „Du kommst nach der Schule zuerst nach Hause, isst anständig zu Mittag und erledigst deine Hausaufgaben. Und zwar in Ruhe. Haben wir uns verstanden?"

Wenn Mama mit ihrem Haben-wir-uns-verstanden-Ton anfängt, ist jeder Widerspruch zwecklos. Mürrisch rührt Laura ihren Kakao um und gähnt.

„Du warst diese Woche schon zweimal in der Ballettschule", fährt Mama fort. „Und jetzt auch

noch die Kostümprobe –", sie beißt in ihr Toastbrot. „Das wird mir alles ein bisschen zu viel."
„Mir aber nicht!", protestiert Laura.
Was soll das denn?, denkt sie. Wie kann Ballett zu viel werden? Okay, das zusätzliche Training ist ganz schön anstrengend und in der Schule ist sie manchmal ziemlich müde. Na und? Für einen großen Ballettabend muss man eben Opfer bringen.
Mama steht auf. „Sollte ich merken, dass das Training zu anstrengend für dich wird", sagt sie, „oder sollte die Schule darunter leiden, ist Schluss, Laura. Das musst du verstehen."
„Tu ich aber nicht", murrt Laura. „Das Training macht mir Spaß und in der Schule ist auch alles okay."
„Dann ist ja alles in bester Ordnung", meint Mama. „Hoffen wir, dass es so bleibt."
Laura nickt und denkt dabei: Und hoffentlich kriegen wir heute nichts auf! Dann brauch ich nur einen Happen zu essen und bin in null

Komma nix in der Ballettschule. Ohne dass Mama etwas dagegen sagen kann.
„Und iss bitte vernünftig, Laura", fährt Mama fort, als könnte sie Gedanken lesen. „In letzter Zeit ernährst du dich wie ein Spatz."
Laura beißt demonstrativ in ihr Brötchen.
„Mach ich", mümmelt sie mit vollem Mund.
„Keine Panik."

Natürlich gibt Herr Westermann ausgerechnet heute besonders viel auf. Und nur, weil Tobi und Max, die ollen Quatschköpfe, in der Mathestunde ihre vorlauten Klappen nicht halten konnten.
Laura stöhnt genervt. Mit dem Batzen Hausaufgaben sitzt sie bestimmt noch um drei am Schreibtisch! Dabei fängt die Kostümprobe schon um halb zwei an.
Sie flitzt nach Hause. Zum Mittagessen hat sie echt keine Zeit, wenn sie einigermaßen pünktlich beim Ballett sein will.

Zum Glück ist Mama noch nicht da, aber auf dem Herd steht ein Topf. Daneben liegt ein Zettel: *„Liebe Laura, Benni hat heute Computerkurs und kommt erst später nach Hause. Papa hat einen wichtigen Termin in der Stadt und kann nicht zum Essen kommen. Mach dir bitte den Eintopf warm. Der Nachtisch steht im Kühlschrank. Küsschen Mama."*

Laura schnappt sich nur die Quarkspeise aus dem Kühlschrank und stürmt hinauf in ihr Zimmer. Mit einer Hand den Quark löffelnd, löst sie die Matheaufgaben in absoluter Rekordgeschwindigkeit und schreibt anschließend sogar noch die Grammatikregeln für Deutsch ab.

„Perfekt!", sagt sie, als sie die Bücher zuklappt. „Und jetzt los!"

Sie springt auf und stopft ihre Ballettsachen in den Rucksack. Obwohl

heute Kostümprobe ist, wollen sie auch noch ein bisschen trainieren, hat Madame Moulin gesagt.
Zwei Stufen auf einmal nehmend, poltert sie kurz darauf die Treppe hinunter und knallt mit Schwung die Haustür hinter sich zu. Schweini quiekt vor Schreck leise auf. Solche Hektik mag er überhaupt nicht.

„Zweite Position", sagt Annick Moulin und macht die Stellung der Füße vor. „Und relevé!"
Laura steht an der Barre und hebt sich auf die halbe Spitze. Sie strahlt. Heute läuft wirklich alles wie geschmiert: Das Mäusekostüm passt perfekt und muss nicht mal geändert werden und beim demi-plié hat Madame sie vorhin vor allen anderen gelobt.
Beim Relevé gibt Laura sich noch einmal besonders viel Mühe. Sie spannt ihren Körper an und reckt das Kinn.
„Prima, Laura!", ruft Madame ihr zu. „Du hast

in der letzten Zeit große Fortschritte gemacht. Das zusätzliche Training scheint dir gutzutun."

Laura wird rot vor Stolz. Kim zwinkert ihr zu und flüstert: „Das macht bestimmt unser Glücksklee!"

„Psst!", macht Madame sofort. „Konzentration, Mädchen!"

Als Laura nach der Anprobe und dem Training nach Hause kommt, ist sie müde und die Füße tun ihr weh. Am liebsten wäre sie sofort in ihr Zimmer gegangen und hätte sich aufs Bett geworfen, aber Mama ruft aus dem Wohnzimmer: „Laura! Kommst du bitte mal?"
Laura lässt ihren Rucksack fallen. „Was gibt's denn?", fragt sie.
Mama sitzt in der Sofaecke, eine Zeitschrift auf dem Schoß. „Wie war die Anprobe?", fragt sie freundlich.
„Klasse", sagt Laura und unterdrückt nur mühsam ein Gähnen. „Wir kriegen total witzige Kostüme mit Mäuseohren und langen Schwänzen. Madame hat sie bei einer anderen Ballettschule ausgeliehen."
„Das hört sich ja lustig an." Mama lächelt. „Und wie lief das Training?"
Laura strahlt: „Auch supergut! Madame hat mich zweimal gelobt!"
Mama streicht ihr über die Wange und steht

auf. „Dann hast du jetzt bestimmt ordentlich Appetit. Komm, ich mach dir den Rest Eintopf warm. Heute Mittag hattest du wohl keinen Hunger."

Jetzt auch nicht, will Laura sagen. Aber das geht natürlich nicht. Seufzend folgt sie Mama in die Küche und guckt zu, wie der Eintopf leise vor sich hin köchelt.

Ein paar Minuten später sitzt sie vor einem dampfenden Teller. Erst jetzt merkt sie, wie hungrig sie ist. Zwei große Teller verdrückt sie und zum Nachtisch noch den Rest Quarkspeise.

„Siehst du?" Mama macht ein zufriedenes Gesicht. „Wer tanzt, muss auch essen."

„Hm, stimmt", sagt Laura. In diesem Fall hat Mama eindeutig Recht.

Generalprobe mit Hindernissen

In der Stadt hängen längst die Plakate, die den Ballettabend ankündigen, und sogar in der Zeitung steht ein kleiner Artikel über die Ballettschule *La Danse* und die bevorstehende Aufführung im Stadttheater.

Das Mäusekostüm passt und Madame ist der Meinung, sie hätte Fortschritte gemacht – trotzdem ist Laura sich plötzlich gar nicht mehr so sicher, ob sie überhaupt auf einer Bühne tanzen will. Wenn sie nun ihren Auftritt verpatzt und vor allen Zuschauern stolpert? Sie würde glatt im Erdboden versinken.

„Nun mach dich bloß nicht verrückt", sagt Kim, als sie zur Generalprobe fahren. „Bleib einfach ganz locker."

„Du hast gut reden", murrt Laura und versucht,

das grummelige Gefühl in ihrem Magen zu ignorieren. „Du tanzt schließlich nicht mit."
„Stimmt", Kim grinst. „Hab ich das nicht prima hingekriegt?"
Finster guckt Laura sie an. „Ja, total toll, echt! Meine Güte, du hast dich in den letzten Wochen so bescheuert angestellt, als hättest du nicht nur zwei linke Füße, sondern vier. Kein Wunder, dass Madame dich sogar aus der zweiten Besetzung gestrichen hat."
„Sie konnte gar nicht anders", kichert Kim vergnügt. In der Hand hält sie den kleinen Blumentopf mit dem Glücksklee. Er wippt bei jeder Bewegung lustig mit. „Aber wenigstens kann ich dir jetzt beistehen."
„Halt lieber unseren Klee schön fest", erwidert Laura. „Dann kann gar nichts schiefgehen."

Von wegen! Auf der Generalprobe gibt es eine Panne nach der anderen. Alle Mädchen sind so nervös und unkonzentriert, dass Madame ein

paar Mal laut schimpfen muss.
Als dann auch noch die Musikanlage des Theaters ausfällt und statt zarter Violinen nur blechernes Geschramme aus den Lautsprechern kommt, sind alle den Tränen nahe.

Madame Moulin ringt die Hände, aber der Tontechniker verspricht, das Problem bis zur Aufführung in den Griff zu bekommen.
Hoffentlich, denkt Laura. Sonst laufen die Zuschauer weg, bevor wir überhaupt angefangen haben zu tanzen.
Zur Krönung der verunglückten Generalprobe gerät Alena, die die Rolle der Klara tanzt, ins Stolpern und tritt Laura auf den langen Mäuseschwanz. Beim Versuch, den abgerissenen Schwanz schnell wieder am Trikot zu befestigen, prallt Laura gegen die Zinnsoldaten und bringt deren schöne Aufstellung durcheinander.

„Entschuldigung“, sagen Alena und Laura im Chor.

Madame Moulin seufzt. „Auf einer Generalprobe muss alles schiefgehen“, sagt sie dann tapfer. „Das bringt Glück!“

Trotzdem sind alle Elevinnen ziemlich zerknirscht, als sie die Bühne verlassen. So hatten sie sich das nicht vorgestellt.

„Habt ihr schon gehört, dass Nathi sich krankgemeldet hat?", unterbricht Sarah das betretene Schweigen. Die anderen Mädchen schütteln die Köpfe. „Sie hat gesagt, wenn sie nicht mittanzen darf, kommt sie überhaupt nicht."

„Das ist aber unfair", sagt Alena. „Immerhin ist sie Ersatztänzerin. Was ist, wenn in der ersten Besetzung kurzfristig jemand ausfällt?"

Sarah zuckt mit den Schultern. „Das scheint ihr ganz egal zu sein."

Die Mädchen wechseln empörte Blicke. Nathalie ist ohnehin nicht besonders beliebt, aber dass sie die Truppe vor so einem wichtigen Auftritt im Stich lässt, ist wirklich unmöglich.

„Zur Not spring ich eben ein", meldet sich Kim zu Wort. Alle starren sie an.

„Was ist?", fragt sie grinsend. „Glaubt ihr etwa, ich lass euch im Stich?"

„Das würdest du machen?", staunt Laura.

„Na klar", erwidert Kim mit schrägem Grinsen. „Aber nur im alleräußersten Notfall!"

Leise fügt sie hinzu: „Also hoffentlich nie!"

Ein Auftritt und ein Autogramm

In der Nacht vor dem großen Auftritt macht Laura vor Aufregung kaum ein Auge zu. Unruhig wälzt sie sich in ihrem Bett hin und her. Als sie schließlich doch einschläft, hat sie einen schrecklichen Traum: In einem viel zu großen Mäusekostüm schlittert sie über eine spiegelglatte Bühne und fällt hin. Die Zuschauer lachen sie aus und zeigen mit den Fingern auf sie.

„Mann, bin ich nervös", stöhnt sie am nächsten Morgen. „Wenn ich's nur schon hinter mir hätte."

Schweini sitzt in seinem Käfig, pfeift fröhlich und knabbert dann an einem Stück Apfel.

„Ja, du hast es gut", sagt Laura zu ihm. „Ich würde echt gern den Platz mit dir tauschen. Schade, dass du nicht tanzen kannst."

Ein paar Stunden später steht sie mit klopfendem Herzen hinter der Bühne des Stadttheaters und wirft durch einen kleinen Spalt im Vorhang einen Blick in den Zuschauerraum. Alle sind da: Mama, Papa, Benni – sogar Oma und Opa sind zu Lauras erstem Auftritt gekommen. Sie sitzen neben Kims Eltern in der dritten Reihe des Zuschauerraums, blättern im Programmheft und warten gespannt.

Das kleine Theater ist gut gefüllt. Zwar ist die Aufführung nicht ausverkauft und einige Plätze bleiben leer, aber die Zuschauer,

die gekommen sind, genügen schon, um Laura komplett aus der Fassung zu bringen.
„Ich geh da nicht raus“, flüstert sie Kim zu. „Ich kann einfach nicht!“ Besorgt tastet sie nach ihrem Mäuseschwanz, ob der noch an Ort und Stelle ist. Alles in Ordnung, stellt sie fest, er hängt genau da, wo er hingehört. Nach dem Malheur auf der Generalprobe hat Mama ihn extra fest angenäht und einen Doppelknoten gemacht.
Kim gibt ihr einen Knuff. „Du musst aber“, flüstert sie und wedelt energisch mit dem Glücksklee. „Jetzt gibt's kein Zurück mehr.“ Sie hält sich den Blumentopf über den Kopf und tanzt leise murmelnd um Laura herum. „Wirke, Glücksklee, wirke“, murmelt sie dabei.

„Was soll das?“, zischt Laura. „Lass das gefälligst!“
„Das ist eine Glücksbeschwörungsformel“, zischt Kim zurück. „Die funktioniert garantiert.“

Ein Mädchen flüstert: „Psst! Ich glaub, es geht los!“
Laura zuckt zusammen. Im Zuschauerraum gehen die Lichter aus. Das Getuschel verstummt. Hier und da hört man das Rascheln eines Programmheftes oder ein leises Räuspern.
Dann ist es ganz still.
Lauras Gesicht juckt fürchterlich unter dem aufgemalten Mäuseschnäuzchen. Sie muss sich zusammenreißen, um nicht die ganze Schminke wegzuwischen.
Doch dann hält sie den Atem an.
Der Vorhang geht auf.
Alena tanzt als Klara auf die Bühne.
Sie trägt ein dünnes weißes Kleid mit einer rosafarbenen Schleife. Mit grazilen Schritten, fast schwerelos, tanzt sie bis zur Mitte der Bühne und verharrt dort, bis die Musik einsetzt.

Alle atmen erleichtert auf, als die ersten Takte erklingen.

Der Tontechniker hat sein Versprechen gehalten: Die Musik von Tschaikowsky klingt genauso, wie sie klingen soll, feierlich, festlich und unheimlich romantisch.
Zusammen mit den anderen Mäusen steht Laura seitlich hinter dem Vorhang und beobachtet Alenas Solo.
Alena tanzt seit fast zwei Jahren Spitze und ist Madame Moulins beste Schülerin. Sie ist so begabt, dass die Ballettlehrerin ihr eine große Karriere als Primaballerina voraussagt. Und Laura versteht, warum: Alena tanzt einfach toll! Mit einem strahlenden Lächeln schwebt das Mädchen scheinbar mühelos über die Bühne und vollführt dabei die schwierigsten Sprünge und

Pirouetten auf der Spitze. Beschämt denkt Laura an ihren eigenen holperigen Spitzentanzversuch. Bis sie so perfekt tanzen kann wie Alena, dauert es bestimmt noch eine Million Jahre. Mindestens!

Vanessa, die den Mäusekönig tanzt, stellt sich hinter dem Vorhang in Positur. Auf ein Zeichen von Madame tanzt sie auf die Bühne.

Als sie hinter dem Weihnachtsbaum auftaucht und sich Klara in den Weg stellt, ist dies das Zeichen für den Auftritt der Mäuse.

„Allez, mes petites", raunt Madame Moulin den Mäusemädchen zu. „Auf die Bühne!"

Plötzlich hat Laura gar keine Zeit mehr, zu zögern oder ängstlich zu sein: Gemeinsam mit den anderen Mäusen hüpft sie auf die Bühne und tanzt die einstudierten Schritte. Sie umringen den Mäusekönig und versuchen, ihn vor dem zum Leben erwachten Nussknacker und den Zinnsoldaten zu beschützen.

Julia, die Darstellerin des Nussknackers, tanzt

um sie herum und schwingt dabei ein bedrohlich aussehendes Schwert, während die Zinnsoldaten näher rücken und Klara schließlich ihren Pantoffel wirft.
Die Musik klingt immer dramatischer. Das Publikum hält den Atem an. Dann passiert es: Der Mäusekönig wird vom Schwert des Nussknackers getroffen und sinkt zu Boden.

Sofort umringen die Mäuse ihren besiegten König. Mit kleinen Sprüngen und Pirouetten drücken sie ihre Aufregung und Bestürzung aus.
Laura hat alles um sich herum vergessen. Sie achtet nur auf die Musik und die eingeübten Schritte, die ihr heute perfekt gelingen.
Als der Vorhang fällt und die Mäuse die Bühne verlassen müssen, ist sie fast enttäuscht. Wie gerne hätte sie einfach weitergetanzt!
Mit glänzenden Augen und klopfendem Herzen verfolgt sie den Rest der Aufführung: das Verschwinden des Nussknackers und den Auftritt des schönen Prinzen, der Klara entführt.
Die Musik verstummt, der letzte Vorhang fällt.
Laura spürt einen dicken Kloß im Hals.
„Mann, war das schön", raunt Kim ihr zu. „Wie im Märchen!"
Laura kann nur nicken. Der Kloß rührt sich einfach nicht von der Stelle. Als das Publikum begeistert applaudiert, räuspert sie sich schnell.

Madame Moulin läuft aufgeregt hin und her. „Ihr wart wundervoll, Mädchen!“, ruft sie. „Ganz wundervoll! Schnell, auf die Bühne! Das ist euer Applaus!“

Wie in Watte gepackt, mit zittrigen Knien und glitzernden Tränen in den Augen, stolpert Laura hinter den anderen her.

Die Scheinwerfer, die die Bühne in gleißendes Licht tauchen, blenden sie. Aber dann sieht sie, dass die Zuschauer aufgestanden sind und begeistert klatschen. Ein paar rufen sogar Bravo!

Alena, Julia, Vanessa und Luise, die den Prinzen getanzt hat, treten einen Schritt vor. Sie verbeugen sich mit einem strahlenden Lächeln, worauf der Beifall noch stärker wird.

Die Zinnsoldaten und Mäusemädchen halten sich an den Händen und machen ihre Révérence – eine tiefe Verbeugung vor dem Publikum.

„Bravo!“, hört Laura jemanden rufen. Das klingt fast nach Papa, denkt sie und grinst.

Ganz zum Schluss kommt Madame Moulin auf die Bühne.
Die Mädchen machen ihrer Lehrerin Platz und applaudieren. Alena und Luise überreichen ihr einen großen Blumenstrauß, den sie hinter der Bühne hervorgezaubert haben, und bedanken sich mit einem tiefen Knicks.
Madame Moulin ist ganz gerührt.
„Merci beaucoup", sagt sie und zupft an den Blumen. „Vielen Dank!" Dann verbeugt sie sich und verschwindet schnell wieder hinter der Bühne.

Erst als der Vorhang endgültig fällt und die Lichter im Zuschauerraum angehen, verstummt der Applaus. Die Zuschauer zerstreuen sich, um im Theaterfoyer etwas zu trinken und sich über die Aufführung zu unterhalten.
Laura stürmt mit den anderen hinter die Bühne, um sich rasch umzuziehen.
Dort nimmt Kim sie in Empfang. „So was

Schönes hab ich noch nie gesehen", sagt sie beeindruckt. „Echt!"
Laura strahlt ihre Freundin an. „Hoffentlich bist du das nächste Mal auch dabei! Du glaubst ja gar nicht, was für ein tolles Gefühl es ist, auf der Bühne zu tanzen."
In Windeseile schlüpft Laura aus ihrem Kostüm und den Schläppchen und zieht die Freundin mit sich. „Los, komm! Das muss gefeiert werden!"
Kim zeigt auf Lauras Gesicht und kichert: „Willst du dich denn nicht abschminken?"
„Das mach ich später", meint Laura. „Jetzt will ich erst mal was trinken!"
Sie verabschieden sich von Madame Moulin und den anderen Mädchen und rennen durch die verwinkelten Theatergänge, bis sie endlich im Foyer stehen.
Laura stellt sich auf die Zehenspitzen, um besser sehen zu können, aber Kim ist schneller als sie. „Da sind unsere Eltern!", ruft sie und

schiebt Laura vor sich her, quer durchs Gedränge.
„Herzlichen Glückwunsch, meine kleine Primaballerina!" Oma drückt Laura an sich und gibt ihr einen Kuss mitten auf die Mäusenase. „Was für eine herrliche Aufführung!"
Laura weiß gar nicht, wen sie zuerst ansehen soll. Mama, Papa, Oma, Opa, Kims Eltern, sogar Benni – alle klopfen ihr begeistert auf die Schulter und gratulieren ihr zu ihrem Auftritt.
Mama zieht einen kleinen Blumenstrauß aus ihrer Handtasche. „Für dich", sagt sie und reicht Laura das Sträußchen.
Laura kann nur nicken. Ihr Hals ist furchtbar ausgetrocknet. Wenn sie nicht bald was zu trinken bekommt, wird sie glatt verdursten.
„Ich glaube, unsere kleinen Ballettratten brauchen erst mal was zu trinken!" Anscheinend kann Papa Gedanken lesen. Er verschwindet kurz im Gedränge und kehrt wenig später mit zwei Flaschen Limonade zurück.

Hastig trinkt Laura, aber nicht, ohne vorher mit Kim anzustoßen.

„Auf unseren nächsten Auftritt“, sagt sie feierlich. „Und zwar auf unseren gemeinsamen Auftritt!“

Kim zwinkert ihr zu und sagt: „Na ja, ich werd's mir überlegen.“

Und dann wird gefeiert. Kims Eltern haben in einem koreanischen Restaurant einen Tisch reserviert und laden Lauras Familie ein, mitzukommen.

Laura und Kim strahlen sich an.

„Heute ist der allerschönste Tag in meinem Leben!“, sagt Laura.

„Du wirst es nicht glauben –“, erwidert Kim, „in meinem auch. Obwohl ich gar nicht mitgetanzt hab.“

Sie stellt den Glücksklee mitten auf den Tisch. Laura bekommt eine Vase für ihren Blumenstrauß und stellt sie daneben.

„Sieht hübsch aus, nicht?", meint sie.
„Genau wie ihr zwei", sagt Papa und macht ein Foto. Laura und Kim rücken noch ein Stück enger zusammen und grinsen um die Wette.
„Gibst du mir ein Autogramm?", fragt Kim. „Jetzt, wo du doch berühmt bist."
„Klar", antwortet Laura verschmitzt. „Aber dafür musst du dir überlegen, ob du nicht bei der nächsten Aufführung mitmachen willst. Zu zweit ist es bestimmt noch schöner."
Sie hält Kim die Hand hin.
Kim zögert, aber dann schlägt sie ein. „Okay, ich denk mal darüber nach. Aber nur, wenn du mir jetzt endlich das Autogramm gibst."
Laura schreibt mit Mamas silbernem Kugelschreiber fein säuberlich ihren Namen auf eine kleine Papierserviette. *Für meine allerbeste Freundin Kim!*, schreibt sie darüber.
Wahnsinn!, denkt sie. Mein erster Auftritt und mein erstes Autogramm … Was für ein toller Tag!

Lauras kleines Ballettlexikon

À la barre (sprich: ala barr): an der Stange.

Au milieu (sprich: oh miljö): in der Mitte.

Demi-plié (sprich: dö-mi pli-ee): halbe Kniebeuge, ohne die Ferse zu heben – aus einer der Grundpositionen heraus.

Demi-pointe (sprich: dö-mi po-änt): auf halber Spitze, auf dem Fußballen tanzen.

Elevin: Schülerin.

Ensemble (sprich: on-somble): zusammengehörende Gruppe von Tänzern.

Grand-plié (sprich: gron pli-ee): tiefe Kniebeuge.

Relevé (sprich: rö-lö-wee): auf halbe Spitze gehen; siehe auch demi-pointe.

Révérence (sprich: ree-wee-rons): Knicks oder Verbeugung am Ende einer Aufführung.

Tendu (sprich: ton-dü): Der Tänzer führt das Bein mit gestrecktem Fuß zur Seite, nach vorn oder nach hinten.

Die Armpositionen

Bras bas (sprich: bra ba): Bei der Grundposition sind die Arme gesenkt, die Ellenbogen etwas gerundet, die Hände zeigen zueinander und berühren sich fast, ohne im Handgelenk abzuknicken; Mittelfinger und Daumen berühren sich nicht. Die Schultern sind aufrecht (eher nach hinten gerichtet) und dürfen nicht nach vorn fallen.

Erste Position: Die Armhaltung ist identisch mit der Grundposition: bis auf Bauchnabelhöhe angehobene Arme und Hände.

Zweite Position: Die Arme werden leicht nach außen geöffnet und zur Seite geführt, die Ellenbogen leicht gebeugt.

Dritte Position: Ein Arm bleibt außen in der 2. Position, der andere wird nach vorn genommen und in die 1. Position geführt.

Vierte Position: Ein Arm wird gehoben und nach oben in die 5. Position genommen, der andere Arm bleibt in der 2. Position. Er ist also immer noch auf halber Höhe und wird leicht geöffnet seitlich gehalten.

Fünfte Position: Beide Arme werden über den Kopf gehoben und bilden ein Oval, ohne dass sich dabei die Schultern heben.

Freundinnen ... für alle Fe/älle

Monika Wittmann
Freundinnen für alle Felle, Bd 1: Der tollste Hund der Welt
96 Seiten
Hardcover mit Plüsch-Leseband
ISBN 978-3-551-65121-1

Monika Wittmann
Freundinnen für alle Felle, Bd 2: Das zotteligste Pony der Welt
96 Seiten
Hardcover mit Plüsch-Leseband
ISBN 978-3-551-65122-8

Julia ist Tierärztin. In ihrer Praxis ist immer was los. Zum Glück hilft ihr nach der Schule Sofie. Sie sind Freundinnen für alle Fälle – und für alle Felle!

CARLSEN

www.carlsen.de